# これまでの仕事 これからの仕事

REDESIGN TO BE AGILE

たった1人から
現実を変えていく
アジャイルという方法

市谷聡啓
TOSHIHIRO ICHITANI

JN016841

技術評論社

## はじめに　だれかが変えるのをただ待ち続けるほど、人生は長くない

どうも違う気がする。

同僚も先輩諸氏も特に疑いもなく、これまでどおりで仕事に邁進している。とにかく時間もないんだ、「どういうやり方がほかにあるのか」って考えている余裕もない。ただただ目の前の仕事、タスク、プロジェクトを片づけようと躍起になっている。

最初のうちはいい。でも、必ずといっていいほど、中盤あたりで雲行きが怪しくなってくる。進みが計画から遅れだす、正解と置いていたことが覆る。疲弊感は徐々に増して、現場を覆っていく。プロジェクトを終えるときに多少のふりかえりはおこなっているが、次に何かが活かされることはあまりない。やがて、新たな仕事に、同じやり方で取り組み始める……。

かつての私も、そんな日々を送っていたことがある。だけど、立ち止まって考えてみたんだ。

「この繰り返しを続けた先に何があるのか？」

たとえば、あと5年、3年、いや来年の今頃はどうなっているだろうか。おそらく何も変わっていない。何も変わらないということがわかっているうえで、それでもこれまでと同じ考えとやり方で仕事に臨む。それはいったい何をこの先に期待しているのだろうか。

急に、先進的なマネージャーが他所からやってきて変わること？　マネージャーとまでは言わない。開明的な同僚がどこからか転職してきて変わること？

そんなことある？　これまでに一度でもあった？

都合よく救世主が現れることなんてないし、どれだけ月日をただ重ねたところで、状況がひとりでに好転することはない——20年かけて検証したこの「事実」をまずお伝えすることから、この本を始めます。

この30年、40年の日本の組織を支えてきた仕事のやり方や考え方、そうしたものが組織を取り巻く社会や環境、顧客に対応できなくなってきています。正解ありきで計画を綿密に立てて、段取りを詳細にして、そのとおりに実行する、かつ実行できているかどうかを計画に照らし合わせて管理者が進捗を確認し、その担保をおこなう――そうした昔ながらの仕事のあたりまえが通用しなくなってきています。

昨今、デジタルトランスフォーメーションの名の下に「顧客に新たな価値を提供しよう」といった標語が掲げられることが少なくありません。「顧客にとっての価値」こそ、私たちはもちろん、顧客自身が明確にできないものです。それほど、私たちの仕事は捉えどころや絶対的な拠りどころのないものになっているのです。

今、職場や現場に必要となる仕事の考え方、取り組み方とは何か。その手がかりは「ソフトウェア開発」にあると私は考えています。ソフトウェア開発は、その他に比べて先んじて「捉えどころのない顧客の期待、求めるもの」に向き合ってきた世界です。そうした状況下で育てられてきたのは、臨機応変に、適時適切に判断と行動を取るための実践知です。

## 1人でも「始める」ことができたら、「みんな」の「始まり」につながっていく

「巨人の肩に乗れ」という言葉があります。先達がすでに築き上げてきた知恵があるならば、その上に乗って仕事をすればいい。さながら「車輪の再発明」とならないよう、すべてを一から自分で作っていく必要もないのです。肩を借りて、前に進む。目の前に広がる新たな風景を目のあたりにして、また自分なりに講じていけばいいのです。過去の知恵が現状にうまく適用できないならば、肩から降りてそこから先は自分の足で歩いて行けばいい。最高の仕事術とは、自分で仕事の方法自体を生み出すことなのですから。

ただ、1つ問題があります。それは、この本に書いていることを実践する際に現れるハードルです。新たなアイデア、新たな方法を日常の仕事に取り込んでいくことが容易ではない場合があります。あなたは試す必要があると確信していたとしても、職場や現場の周囲のみなさんはその温度感に達していない。むしろ、新しいことへの忌避感があり、やんわりとリジェクトされてしまう。そんな経験はないでしょうか。

組織や集団には、弾み車にかかるモメンタム（勢い）のように、違和感自体は感じながら、それでいて「これまでどおり」を維持してしまう傾向があります。これまでのやり方を変えようとする機会自体がなく、よしんば作れたとしても、変わるために

は周囲の理解も得る必要がある。組織の「認識」となっている方法を変えることの難しさがここにあります。

それでも、私たちはだれかが「始める」ことをしなければなりません。たとえどんな小さな「始める」であっても、それはまちがいなく「始まり」なのです。「始まり」なくして、変化が起きることはありません。

その「始まり」を「始める」のが、この本を読む「あなた」にほかなりません。たとえ1人からでも、「始める」ことができたら、それは「みんな」の「始まり」につながっていきます。

## 20年の時を重ねてたどりついた仕事の方法、取り組み方、始め方をあなたに

私はソフトウェア開発のあり方そのものを変えていった「アジャイル」という概念、方法に20年以上取り組み続けてきました。その過程はまったく華々しいものではなく、むしろその大半を占めるのは試行錯誤です。はじめのうちは、そもそも自分自身に経験がない方法を学ぶために、必死になって巨人の肩に立とうとしていました。周囲を巻き込むことの難しさも十々わかっています。たとえどれほどいいと思えるものでも、まわりを巻き込むためには自分の熱量をただ押しつけるだけではうまくいかない。一

歩一歩を踏み出す段階を作っていかなければ、現実は変わらない——そうした積み重ねの上に今があります。

今、多くの組織が「アジャイル」を学ぼうと躍起になってます。この本は、ソフトウェア開発が培ってきた適応的な仕事のすべを、みなさんの目の前の仕事でどのように適用するかを書きあらわしたものです。これまでの方法で何がうまくいかないのか、その理由を示しつつ、「では、今何が求められるのか」の対比で明らかにしていきます。もちろん、ソフトウェア開発に限らず、広く適用できるよう中身を構成しています。

そう、この本は、アジャイルの実践のためにかつて書籍や文献など限られた情報から手がかりを得て、学びながら実践し、その実践から山のような失敗を10年積み上げ、さらに10年の適応を繰り返す中でたどりついた、今ここにとって必要な仕事の方法と、その取り組み方、どのように始めるのか、についての集大成となるものです。

かつての私も、ソフトウェア開発の世界で、当時はほとんど取り入れられることがなかった「アジャイル」なる仕事のやり方を適用できるよう、トライを繰り返していました。そこでの試行錯誤が、その後の仕事に活きたのは確かです。その時の、周囲に理解されず、空転しがちな頑張りは、今をもって考えても尊いものだと思えます。ですが、今現在、組織や現場の前線を張っている人が同じだけの苦労を背負って、なぞっていく必要もありません。

私自身が試行錯誤の極みにあった、かつてのあの頃に、どんな本があれば前進する力となりえたか。そんな記憶をたどりつつ、いま現場で四苦八苦しているみなさんに向けてお送りしたいと思います。この本が、みなさんにとっての「肩」となるように。

市谷聡啓

## 本書の各章は、3つのパートで構成しています。

**From**

「これまでの仕事」がどのようなものであったか

**To**

「これからの仕事」はどのようにあるべきか

**From**
▼
**To**

「これまでの仕事」から「これからの仕事」へ
変えていくためにはどうすればいいか

これからの仕事がどうあるといいのかを考えるうえでは、これまでの仕事との違いを捉えておく必要があります。理想的な、あるべきものを描くだけでは、どのようにしてそこへたどりつけばいいのかが見えてきません。これまでとこれから、両者を踏まえることでその距離感が測ることができ、具体的な手がかりを得られます。

目次

# 第2章 目先の効率から、本質的な問いへ

第3章 想定どおりから、未知の可能性へ



第4章 アウトプットから、アウトカムへ

# 第5章 マイクロマネジメントから、自律へ

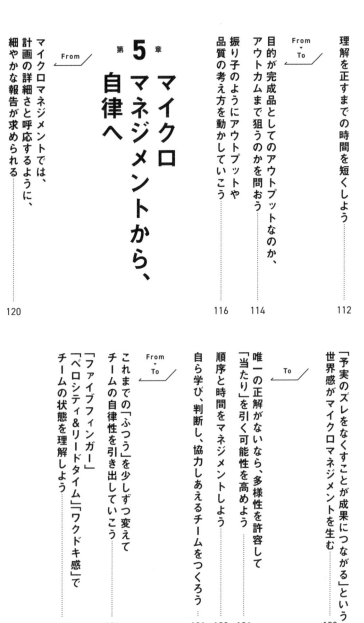

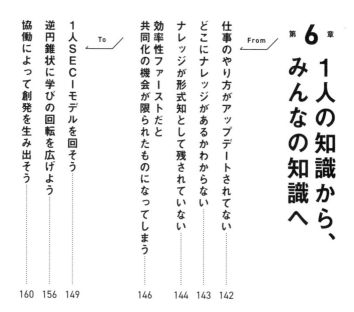

## 第6章 1人の知識から、みんなの知識へ



## 第7章 縄張りから、越境へ

## 終章 思考停止から、行動へ

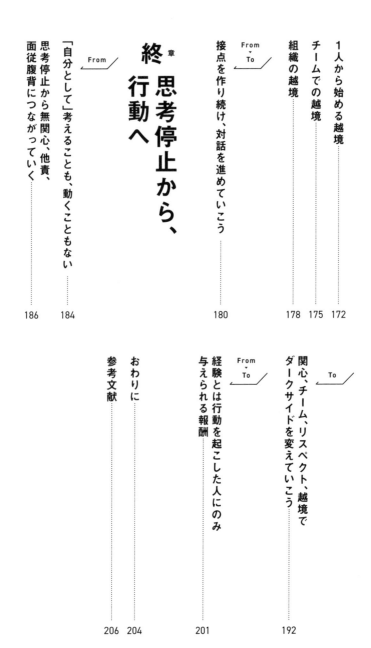

# 第1章

# 「数字だけ」から、「こうありたい」へ

From

# 目標が次の何かに活きているか？

きみは、昨年立てた目標を覚えているだろうか。今、目の前で取り組んでいるものではない、昨年だ。そんな以前のことはもう覚えてない？

では、その目標に向けて取り組んだ内容は何か覚えているだろうか。きみに聞いてみたいのは、目標を達成したかどうかじゃない。目標に向けて取り組んだことが、次のどんなことに活きたのかなんだ。

特に、次の何かに活きていることがあるわけではない？　もし、自分が半年1年かけて取り組んだことが次の期間で活かせていないとしたら、その活動は「消費的」になっているかもしれない。

日々の活動が「消費的」になってしまうなら、立てている目標が「短期のやるべきこと」に照準を当てすぎてしまっている可能性がある。よくあるのは、収益に関する「数値目標」しか置いていないケースだね。それは半年1年としての達成感はいくらかあるかもしれないが、何度か繰り返せば疑問に思い始める。「何のための日々なのか？」ってね。

## 「数字しかない」目標になっていないか？

数字目標だけが目指すものとして際立ってくると、日々の判断やチーム、組織の意思決定もそこに収斂していく。そうなると、なぜその数字を追っているのか、その数字を達成することで何が得られるのかだんだん思いだせなくなってくる。

3年経つ頃には、今度はきみが目標の意義について、メンバーや同僚に語らなければならなくなるだろう。数字を達成するために何が大事か、きっと相応の伝えるべきことがあるだろう。でも、気づくはずだ。こうして数字と、その達成に向けたすべを伝えていくことで、自分と同じように、いずれどこか日々に腹落ちしない人を作っていくだけだということにね。

ビジネス上の数字を追うことに意味がないと言いたいわけではないよ。その数字は、事業やプロダクトが結果として世の中に貢献できているかどうかを測るためのバロメーターになる。問題は「数字しかない」ことなんだ。

目標を数字で表現することは、便利で役に立つ。何をどのくらい達成すればいいかわかりやすくなるし、途中経過もわかると力の入れ具合も調節がきく。そして、1年を終えたときの評価として、達成したのかそうでないのか、だれが見ても判断しやすい。だから、できるだけ目標は定量的に表現しようということになる。

一方、目標を数字でしか表現しなくなると、わからなくなることが出てくる。先に書いたとおり、「何のために日々の仕事をしているのか」という本来の「目指したいこと」が埋没していくんだ。ここが目標運用にいまだある一番の問題なんだ。

## 目標の前提に目的はあるか？

そもそも目標の前提には、「何のために」にあたる「目的」がある。目標が達成するべき指標・基準だとしたら、目的とは組織や事業としてのありたい姿とか、到達したい状態のことだね。願望に近い「意図」に値するものとも言える。

要は「こうありたい」と思い描くことが目的で、それに向けてどのくらい近づけたかを把握できるようにするための目印が目標だ。だから、目標を達成したら、目的の到達に向けてポジティブ、ネガティブ両面で新たにわかることが出てくるものなんだ。「この調子でよさそうだ」とか「このままではいくらやってもダメだ」とかね。

もし目標に向けて懸命に取り組んではいるが、次に活きることがとくに見当たらないとしたら、日々の前提となる「目的」が捉えられていないかもしれないよ。こう言うと、きみはこう思うかもしれない。

「今やっている仕事の目的なんてだれにも教わらなかった。以前から先輩や上司が掲げていたのは数値目標だけだった」

そうなんだ。「3年経ったら、自分が目標を伝える側」と言ったとおりだ。きみがいつの間にか受け取っている目標も、すでに長らくの思考停止による産物かもしれない。

目的と目標の関係を整理しておこう（図1－1）。

### 1-1 目的と目標の関係

| | 達成できなかった | 達成できた |
|---|---|---|
| 目的がある目標 | 直接的な進みはないが、学びは得られる | 目的に向けた前進が感じられ、かつ、次に何をすべきかもわかる |
| 目的不在の目標 | 達成感がなく、無力感が高まる | 目の前の達成感のみ（「消費的」な日々） |

## 本当に目標を達成できているのか？ 達成したことにしていないか？

じつは、この整理にあてはまらない状況に直面することがある。組織として掲げる目的らしきものもあり、そのうえで目標も達成できている、それにも関わらず、取り組んでいることが次に活きる実感がないような場合だ。何かがおかしいね。

最初に疑うのは、本当に目標を達成できているのかだ。

達成したことにしていないか。

期の終わりに帳尻合わせをしているだ

けではないか。

たとえ、判断しやすい定量的な目標を置いていたとしても、その数字をどう判断するかの「物差し」のほうを後づけすれば、何とでも帳尻合わせをすることができる。売上が足りなくても、納期が間に合ってなくても、その不足を補う何かが別で示せれば、「目標達成ゼロ」という判断にはならない。たとえば、「今回のプロジェクトは収益が成り立たなかったが、次の仕事につながる関係性が得られた」からよしとする、とかね。

目標を設定してその半年後には、こういう未来を迎えることがもちろんわかっているものだから、立てる目標にはそもそも解釈の余地があるものしか置かなくなってしまう。チームや組織のだれもが、あいまいな目標を立て始めてしまう。

もちろん、この状況が積み重なって望ましい未来があるはずもない。目標達成はできているが、それは自分たちでそう「決めただけ」の成果にしかならない。組織の外にいる顧客や社会に対する貢献が実際にはできているわけではない。良くて、これまでと一緒の「現状維持」だ。組織としての本質的な成果があがっているわけではない。怖いのは、そのことにだれも気づいていない組織の状況だ。何年も同じような目標をただ追い続けているだけ。

## 目標を予定どおり達成できることに価値があるのか？

なぜ、こんな傾向が生まれてしまうのだろう。それは、「最初に立てた目標どおりになることを正とする」価値観が組織に根強く存在するからなんだ。

目標を予定どおり達成できること、それ自体に価値がある。その考えが強固に根づいているのは、これまでの事業環境に起因するところがある。製品を作れば収益になる、ソフトウェアを作れば対価が得られる。つまり、モノを作りさえすれば結果が伴う。だから、「モノを作ること」自体が目標に定められる。この構図の下で、数十年置かれていた組織の価値観は「最初に立てた目標どおりになることを正とする」に固定化され、揺るぎないものになっていることが多い。

現代を生きる私たちを取り巻く環境が様変わりしてすでに久しい。日々の営みが昨日の延長線上に乗っていればいい、という事業環境からはとうにかけ離れている。「最初に立てた目標どおりになることを正とする」考え自体が、もはや状況に合っていないことに気づいている人も組織の中で少なくない。そもそも、最初に目標を立てようにも、確かなものとしては立てられない状況に直面しているからだ。

社会の多様な状況や変わりゆく価値観、期待に答えるには、組織にあるこれまでの知見だけでは通用しなくなっている。社会や顧客に向けて新たな価値を生み出すには、どんな組織でも、だれもが「探索」をしなければならない。何が価値となりうるのか、それに対して自分たちがどうすれば応えていけるのか、わかりやすく正解が用意されていない以上、自分たちで探しに行く必要がある。

かつてないほど「探索」の重要性が高まっている、だからこそ、先に示した４象限のとおり、目標が達成できなかったとしても、目的に対する学びが得られるのであれば、それが組織にとっての「収穫」ともなるんだ。目標どおりであることを正義として、その実現を第一に置いてしまうと、そうした新たな学びが生まれることもない。目標を達成し続けようとすることがかえって、どこにもいけない袋小路に組織を追い込んでしまうんだ（図１‐２）。

## 1-2 継続と探索では求められることが異なる

| | これまでの仕事<br>(昨日の継続) | これからの仕事<br>(探索) |
|---|---|---|
| 求められること | 確実な遂行と<br>それにあたっての<br>効率性 | 仮説検証と<br>その結果による<br>学びの積み重ね |
| 目的の状態 | ない、あるいは<br>ほぼ数値目標と同じ | 何を実現するべきか<br>最初は確信的ではない |
| 目標の状態 | ビジネス上の<br>数値目標のみ | 当座の行動を<br>取るための<br>目印のような存在 |
| 起こりうる結果 | 刹那的な達成感と<br>消費的な日々 | やってみてからの<br>学びで目標や目的を<br>アップデートする |

## 考えてもわからないのか？考えていないためにわからないのか？

こうした状況から脱していくためには、まず目的を捉え直すこと、さらにその解像度を上げていくことが必要になる。あいまいな目標を許容してしまうのは、そもそも背後にある目的があいまいな場合が多い。特に、新たな価値の探索になんて取り組もうとするのであれば、なおさら目的自体がゆらぎやすい。

目的があいまいになってしまうのは、目指すこと自体がまだ定かではない段階なのだと言える。ただし、注意したいのは、直面している状況が「（不確実性が高く）考えてもわからないのか」、それとも「考えていないためにわからないのか」では大きな開きがあるということだ。「不確実性の高い営みなので、目的の言語化も柔らかく、ゆえに目標など定めることができない」と、その状況を安易によしとしてしまうのは危ない。いつまで経っても、探索が次につながらず、やはり時間の消費にしかならない。

目標の帳尻合わせをするのではなく、また目的を不用意にあいまいなままにするのでもなく。では、目的や目標にどのように向き合っていけばいいだろうか。

## 自分たちの「芯」がどこにあるのか、目の前のことはいったん脇に置いて考えよう

To

一度立ち止まって、自分たちの「芯」がどこにあるのかを捉え直す必要がある。「芯」とは、目的とその実現のための手段や方針、そして具体的なアウトプットや活動で構成される「共通理解」のことだ。

それは「何のために自分たちのチームや組織が存在しているのか?」に対する回答にあたる。たとえば、新たな顧客体験を提供するためにデジタルサービスを生み出していく、そのためにアジャイルを中心に据えたプロダクトづくりを手がけていく、といった具合に、チームや組織のだれもが迷いなく受け止められて、「自分が何をなすべきか」が自明になるようなことだ。

「芯」とは、仕事を進めていくうえでの中核、あるいは前提となる存在だと言える。

ぱっと思いつくような薄っぺらい「目的」にならないように、自分たち自身を根本から見つめ直そう。

このことを考えるうえで、目の前のことはいったん脇に置いてみる必要がある。日々の営み自体や、そのために重視していることは、現状維持の「引力」になりやすい。

これまでの延長で物事を捉えてしまうことが常態化し、自分たちがどういう状況にあるのか、気づけなくなってしまうことは珍しくないんだ。手元でおこなっていることと、組織の方向性とが一致しない、あるいは遠くに感じる。それにも関わらず、日常の仕事は進められてしまう。たとえば、きみの会社の中期経営計画や部門としての事業計画が変わったとして、自分の手元の仕事に何か変わりは生まれるか。もし、大した影響を受けないとしたら、組織の「芯」との結びつきを失っているかもしれない。

もちろん、じつは組織の方向性のほうがあらぬ方角へと向いてしまっていることもありえる。であるならば、なおさら「芯」とは何かを問い直さなければならなくなる。個人やチームを越え、組織としての「芯」を決め直す必要があるということだ。

## ゴールデン・サークルを用いて自分の意図を自分に気づかせよう

「芯」を捉え直すための基本的なフレームとして、「ゴールデン・サークル」を用いよう（図1‐3）。ゴールデン・サークルは、サイモン・シネック氏が提唱したもので、人によってはおなじみとさえ言える、ポピュラーなフレームだ。WHY‐HOW‐WHATで構造されており、物事を考える際にHOWやWHATではなく、中心にあるWHYから始めるようにする。手段と目的を決して履き違えないようにするには、とてもシンプルでわかりやすいものになっている。シンプルな内容だからこそ、陳腐化しにくいフレームとも言える。

ときに「芯」を描くのが難しい場合がある。往々にして、どうありたいかを思い描こうにも見いだすことができず、取ってつけたような表面的な言葉しか作り出せないという状況だ。立ち返ることのない状況があまりに続いていると、そもそも何のために自分と組織が存在しているのか、表現するべき語彙を失い、わからなくなってしまう。そんな状態で焦って世の中のトレンドや事例に飛びつき、無理矢理にでも「芯」を取ってつけたとしても、意味は薄い。どれだけ時間を費やしたところで、目立った

# 1-3 ゴールデン・サークル

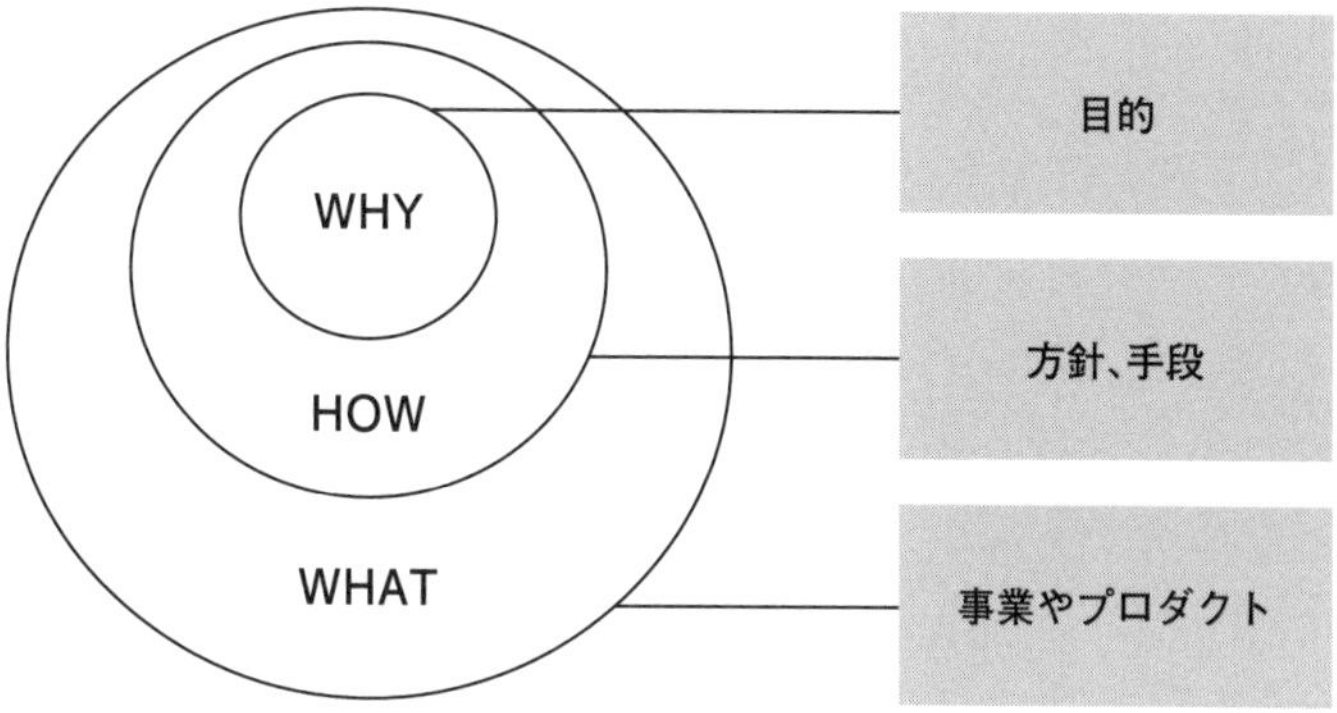


物事を考える、組み立てるうえではWHYからはじめる
その実現のためのHOWを講じ、そして具体的なWHATに取り組む

成果にはなりにくい。

自分の中や近辺から芯を見いだそうとしても困難ならば、むしろ「遠くから考える」ようにしよう。

「遠くから考える」のは、一見遠回りで、芯からかえって遠ざかるように見える。だが、そもそも芯を見失い求心力がなくなっているところで、直線的に芯を見いだそうとしても、見つかるものではない。単にないものねだりになる。そこで、道筋を絞り込んで「自分の意図を自分に気づかせる」というアプローチが切り札になる（図1－4）。

## ①手段から考える

ゴールデン・サークルの真ん中は埋められないが、「こういうことをしたい（実現したい事業や作りたいプロダクト）」とか、「こういう方針でやりたい（仕事の進め方）」とか、外周のほうは埋められることがある。

たとえば、「アジャイルな仕事の進め方をしたい」とする。ここで言うアジャイルは、手段、方法を意味するだろう。この意味でのアジャイルの実現が先行してしまうと、手段を目的に仕立ててしまうことになり、やはりどこかで「何のためなのか」がわか

## 1-4 自分の意図を自分に気づかせる3つのアプローチ

(1) 手段から考える
取りたいHowから前提となるWHYを捉え直す

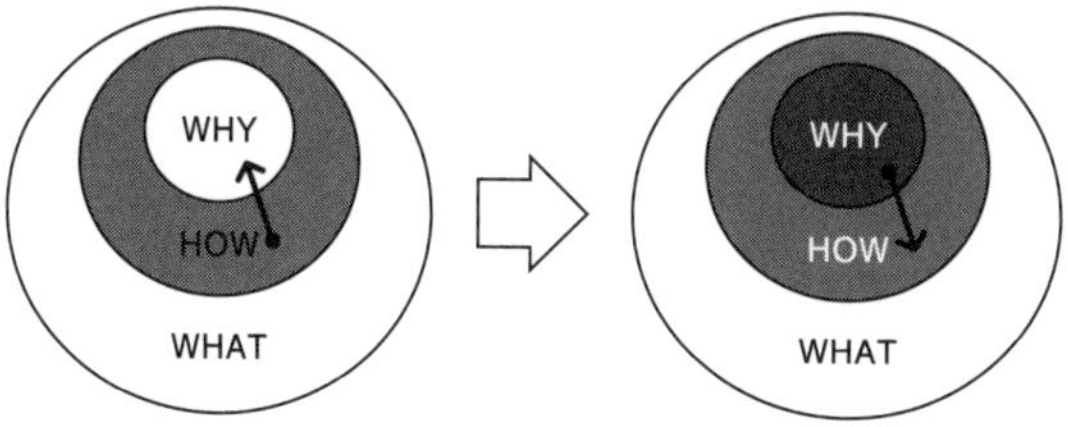


(2) 逆から考える
「こうではない」を捉え、その反転で捉え直す

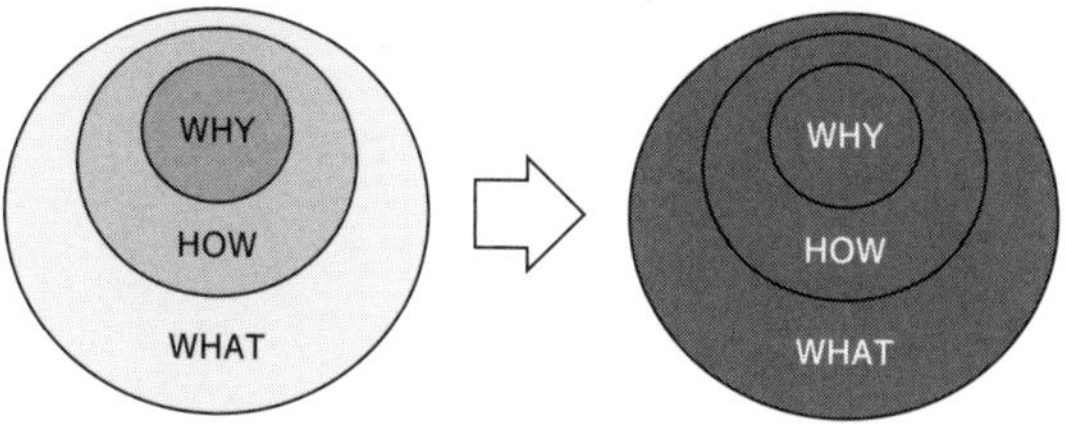


(3) 外から考える
組織の外にある社会、顧客からの期待で捉え直す

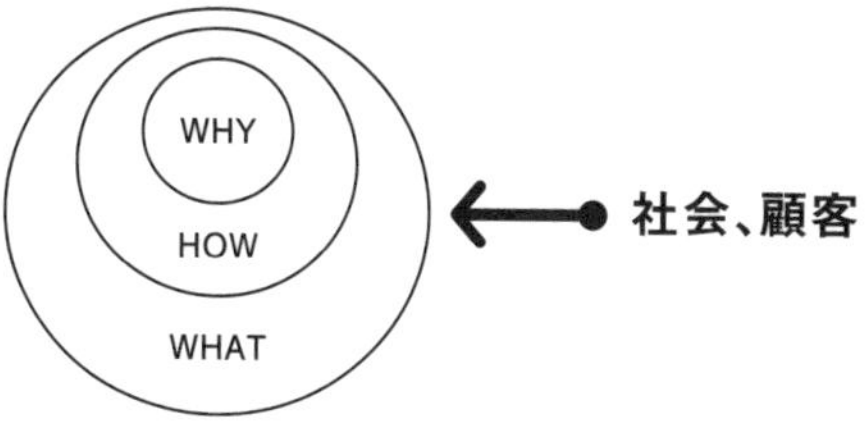

らなくなってしまいかねない。

でも、取り組みたい手段が示せるならば、芯を得るヒントは近い。なぜ、その手段が必要なのか、その手段で実現したいことは何なのかを問うことで、目的に迫ることができる。手段への思い入れが強くあればあるほど、そこには「こうありたい」という希望が潜んでいると言える。

### ②逆から考える

「こうありたい」を自信を持って語ることは難しい。おそらくきみが置かれている状況は、まだ実現していないこと、到達していないことに確信を持って「目指すべきものである」と言えるほどわかりやすいものではないだろう。わからないからこそ踏み出せていないのであり、むしろ避けているのかもしれない。

一方、逆に「こうではない」「こうはありたくない」は言いやすいところがある。正解はわからないにせよ、違和感を頼りに少なくとも「こうではない」と否定することができるとしたら、やはり芯は近い。

たとえば、事前の計画を立てることにどれだけ時間を使ったところで、そうなるとは限らないし、何か道筋が見えるわけでもない、そんなプロジェクトや仕事に取り組む際に、綿密で詳細な計画書づくりを強いられても、意義がまったく感じられないだろう。

どうあるべきかまでは自信を持って言えないが、少なくとも「そうではない」と言えること。なぜ、違和感を感じるのかに向き合ってみよう。

「こうではない」「こうはありたくない」のはなぜか？

そこには何らかの問題意識があり、さらにその先には理想が存在しうるということだ。

## ③外から考える

組織は何のために存在しているのか？　この問いへの答えも、1つに定まるにはハードルがある。もとより、答えは1つではないだろう。

でも、いくつかの答え方の中に1つ手がかりがある。組織はそれを取り巻く環境、社会や顧客のために存在しているということだ。つまり、組織がまがりなりにも存在し続けているなら、社会からの何らかの要請や期待があり、そこに応えられているところがあるということなのだ（まったく応えられないとしたら、組織は早晩滅びる）。では、社会や取り巻く環境が求めることとは何だろうか。これまで応えられてきたことは何で、これからは何になるのか。

たとえば、これまで文書出力や印刷など紙を扱う製品を手がけてきた組織が、これからの社会のあり方に応えていくためには何が必要か。引き続き、どれだけ大量の紙が扱えるかを突き詰めることが、社会の中で役割を果たすことになるだろうか。

紙の書類、文書とは、企業の中の「情報」にほかならない。企業の中の「情報」を、紙かデジタルかを越えてデータとして一元的に扱えることが、これからの社会のあり方によりフィットし、貢献することになりうる。企業の「情報」を扱ってきた組織ならではの新たな役割があるはずだ。

こうした過去と未来に目をやり、行き来して考えることで、自分たちが果たすべきことを見つけるチャンスが得られる。

手段から、逆から、外から考えることで、自分に自分自身のことを気づかせる。この問いかけを頼りに、ありたさや実現するべきことを表す言葉を得よう。それはもちろん、最初は弱々しい仮説かもしれない。でも、次に向かうには十分な足がかりだ。

仮説を繰り返し自分の中で問い直すこと。
そして、周囲とも対話してみること。

芯を見失ってしまっている組織の多くには、組織の中での「自分たち自身についての対話」が不足している状況がある。対話によって、自分たちの中に「芯」を宿し直そう。

## FromとToを別々に描こう

先に述べたように、「芯」となる言葉を外から単に取ってつけようとしても、まずうまくいかない。たとえば、「アジャイル」といった外にある概念を自分たちの組織にそのまま持ち込もうとしても、何からどう始めるか具体化していくこともままならないだろう。あるいは、とにかく「アジャイルに必要なこと」を示されるがまま手順どおりに推し進めたところで、これまでのあり方との間に大きな歪を生み、ハレーションを招くだけになる。

どれだけ思い入れを持って取り組んだとしても、結果にはつながらない。むしろ、新しい概念への拒絶感が際立つようになり、中心となって働きかけている人たちのモチベーションも徐々に損なうことになる。取り組もうとしていることはみんなにとっ

From
▼
To

## 1-5 FromとToは別々に描く

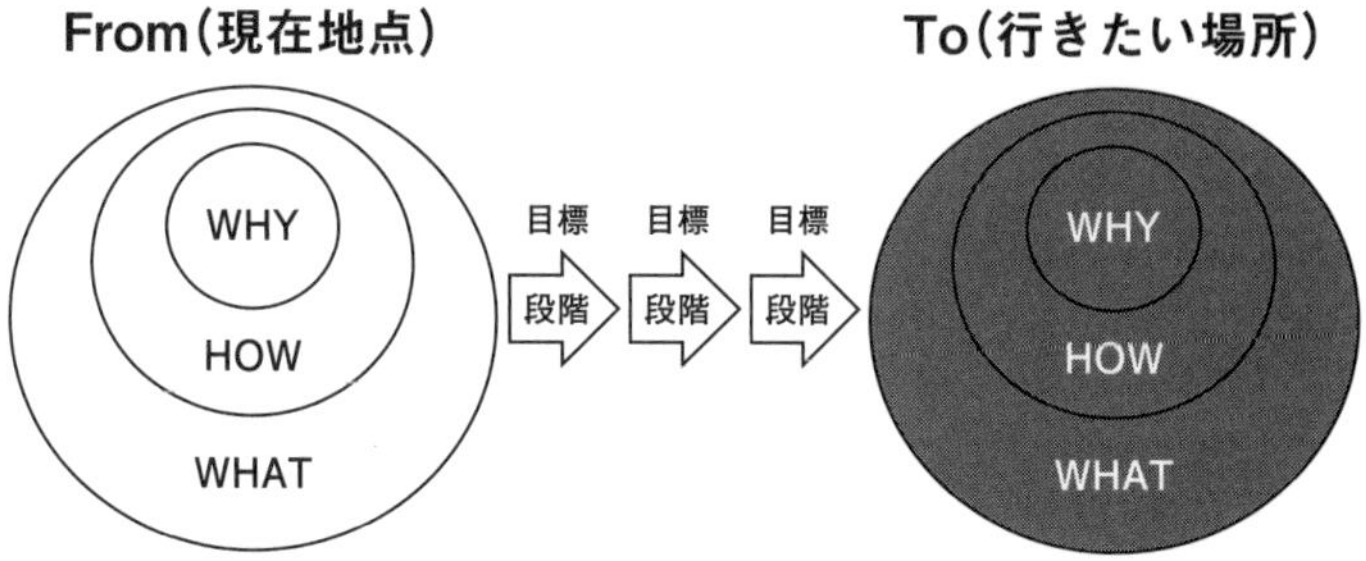
From(現在地点)
WHY
HOW
WHAT
目標
段階
目標
段階
目標
段階
To(行きたい場所)
WHY
HOW
WHAT

ていいこと、あるいは正しいことのはずなのに?

どれだけそれが組織の外でいいこと、正しいこととされていても、それだけで組織の「芯」にすることはまずできない。From(現在地点)とTo(行きたい場所)を捉える必要がある。そう、要となるのは、Toだけではなく From も踏まえること、そのうえでその間のギャップを捉えることだ。

「芯」を捉えるうえでは、現状のゴールデン・サークル(From)をまず書き出し、その隣にありたいゴールデン・サークル(To)を改めて描こう(図1-5)。

From と To を同時に考えようとすると、日常の目の前のことに絡み取られた内容になりやすい。From と To は必ず別々に描くようにしよう。

To のほうのゴールデン・サークルだけを描いたとしても、どのようにしてそこに至るのかが見えてこない。どこからそこへ向かうのか、From がわかっているからこそ、間の距離の遠近を捉えることができる。

当然、From と To の間が遠ければ遠いほど、ギャップが大きいことになる。そのギャップをどう乗り越えていくのか、という具体的な算段がなければ、どれほど素晴らしい To を描いたところで妄想でしかない。それが、外から取ってつけただけではうまくいかない理由である。

## 目標までに段階をつくって1つ1つ乗り越えていこう

たいていの場合、一度にギャップを乗り越えることは困難で、段階をもって臨むことになるだろう。1つ1つの段階を乗り越えていくために、その目安となる「目標」を置こう。「目標」によって、段階の到達基準がわかりやすくなるようにしたい。この目標を定量的に捉えたほうが運用がしやすいというのは、先に述べたとおりだ。

ただし、この段階がいくつ必要になるか、また、そこでどんな目標を置くべきなのかは、同じようなTo（たとえばアジャイルの実践）を掲げたチーム同士であっても、Fromによって違ってくる。あるチームでは有効だった施策や段階論が、そのまま自分たちのチームでも通用するとは限らないということだ。

FromとToの間の段階は何度も捉え直し、その道筋を描くことになるだろう。Toに向かって進んでみても、思うようにいかないことは出てくる。以前も通ったことがあるとか、道筋がわかりきっているとか、そうしたFrom-Toにはまずなっていないだろう。これから私たちが目指すToとは、自分自身にとっても組織にとっても「初」のことのはずだ。ましてやFromの出発地点まで考慮すると、その道筋がどうあるべきかという正解などだれの中にもない。

「これまで」が通用しない状況下で私たちが手がかりにできることは、あくまで仮説を立て、検証し、その結果を得て進めていくことだ。検証結果からどうあるべきかという「学び」を得ようとする行為そのものが必要になる。この行為のことを「むきなおり」と呼ぶんだ（その方法については第3章で示すことになる）。

自分が向かう先が合っているのかを、常に一定の時間間隔で問い直すようにするんだ。具体的には、1ヶ月か3ヶ月程度の時間間隔を決めておき、ゴールデン・サークルの見直しをおこなう。FromとToの間のギャップについて理解が深まっていくところがあるし、Toの自体を見直す場合だってある。

そうやって、私たちは自分たちの「芯」へと近づいていく。逆に言うと、むきなおりの繰り返しを置いて、私たちがありたい場所へたどりつくのは難しいということだ。

# 第2章

# 目先の効率から、本質的な問いへ

From

## 机上の議論が容赦なく延々と続く

新しいサービスや商品の企画会議に出てみると、画面越しに共有される資料がいかにも大作の雰囲気を漂わせている。資料を画面いっぱいに広げる前に垣間見えた、ページ送りのスクロールバーの小ささから、その分量の多さが想像できる。紙で資料を配布していた時代であれば（ついこないだまでそうだったわけだけど）、相当な厚みになっていたことが伺える。

厚みだけではない。1枚1枚のページの隅々まで文字と図、写真が配置されており、目一杯の情報量が盛り込まれている。そんな重たいページをめくってもめくっても、プレゼンターの説明が尽きることはない。たまりかねて、きみが「本当にこんな分厚い資料が必要なのですか?」と聞いてみると、場はきょとんとした雰囲気に。まあ、たしかに言われてみれば資料は多いですけども、必要なことを伝えようとするとこのくらいになるのですよ、と。だれにも特に違和感はない。理由は、以前からこの調子でやっているから。

こうして、机上の議論が容赦なく延々と続いていくことになる。まずは情報の共有ということで始まるも、そもそも何をどこまで議論するのかはっきりとしないため、アウトプットに対して漫然とした意見出しが続く。どこまでが企画を叩く段階で、どこから合意形成をする段階なのかの境目もあいまいなため、あてもなく会話を重ねることになる。

## 表層的な理解だけ合わせて、本質的な問いが置き去りにされる

そうして週に1回の会議をたっぷり積み重ねていくと、もちろん時間がなくなってくる。企画とはいえ、長くても四半期くらいの節目で一定の結論を出さなければならないことが多いだろう。たいていの場合、時間切れを迎えそうになることで、次に進もうという雰囲気になっていく。次に行くためには、上席者の決裁を仰がなければならない。その儀式に向けて、また資料を増強していく。上席者から質問が寄せられて

も、あらゆる説明が果たせるようにね。そうした周囲からの親切なアドバイスによって資料はさらに厚くなり、情報は増え続ける。

当然、そんなものを上席者が受け止められるはずもないよね。ただでさえ、企画の当事者たちよりも前提知識が不足しているところから始まるんだ。ムリもない（一方、当事者のみなさんはたっぷりと時間をかけて理解を積み重ねてきている）。だいたい、その結果は二分する。時間もないため表層的な理解だけ合わせてゴーと判断するか、やっぱりよくわからないということで些細な指摘をいくつか挙げて突き返されるかだ。どちらも本質的な判断がなされているとは言い難い。

そんなことをやりとりしてると、決裁にも時間がかかる。だから余計に残り時間は短くなっていく。年度の予算組みのタイミングに合わせないといけないなんて話も出てきて、残り数ヶ月で企画を実現しなければならない。短い期間の中で無理やり進めようとするものだから、当然プランもラフになる。人が揃わない、準備も整っていない、それでも見切り発車で始めないと間に合わない。そこで持ち出す合言葉が「これはアジャイルに進めるので」だ。単に準備不足の雑な仕事でも、「アジャイル」というエクスキューズを添えると、それらしく聞こえてしまう（アジャイルという言葉を言い訳に使うのはやめよう）。

やっておいたほうがいいことはいくらでも挙げられるから、たいていいつもタスクが溢れている。それでもなんとか期間に押し込めようとするから、スケジュールは驚くほど短い期間で多くのことを成し遂げようという内容になる。サービスや商品を作ろうとなれば、だれ向けなのかという「ペルソナ」を書いたり、どんな顧客の行動を想定しているのかと「カスタマージャーニーマップ」を作って必要な機能とか課題とかを一覧に洗いだしていったり。システムが伴うならばその構成図を書いたり、画面のイメージと仕様をドキュメントに起こしていったり。

組織の規程や標準、場合によっては部門のローカルルールもあって、作るべき資料ややるべきことに迷うことはない。ただ時間に追い立てられて、アウトプットを強いられるだけだ。でも、この手の進行には決定的に足りていないことがある。

こんなにやるべきこと、作るべきものを挙げているのに？　そう、足りていないのはアウトプットを目一杯作る前に答えるべき、「問い」だ。

たとえば、新しいサービスや商品の開発であれば、

「このサービスや商品で解決するのはだれのどのような課題で、その解決にどれほど適合しているのか？」

「課題が解決できるとして、それはどのくらいの顧客をハッピーにできるのか?」

といったことだ。こうした本質的な問いに答えることなくして、ただ決められたアウトプットをタスクとしてこなしていっても、成果とは無関係に近い。やってる感は出るが、本当に手がけるサービスや商品が価値あるものなのかわからないまま、ただ時を費やすことになる。

期日どおりサービスや商品は作れるかもしれない。でも、そこから待っているのは長く、険しい時間だ。「どういう用途で利用するのか?」あるいは「だれに、どうやって売るのか?」、そんなことさえ、ろくに考えられていないサービスや商品を抱えて、途方にくれる日々を続けることになる。答えるべき「問い」が不在のまま進めてきたしわ寄せは、それをいざだれかに届けようとした時に思うように届けられず、きっちりとあらわになってくる。

こうした仕事の進め方をどこから招いてしまうのか。原因は、3つの手強い問題に由来している。

## 「これまでこうしてきたから」問題（圧倒的な問いの不足）

会議の進め方、資料の作り方、企画や開発のプロセス……どの局面にも共通するのは「手段や方法が妥当かどうかの見立て不足」なんだ。

これまでどおりでいいのか？
ほかに進め方の選択肢はないか？

こうした問いに向き合う時間が圧倒的に不足している、あるいはまったくない。結果的に仕事のやり方を見直す機会がなく、これまでの方法の踏襲が繰り返され、やがてガラパゴス化する。その組織内でしか通用しない仕事のやり方となり、結果も奮わないのだが、「まあこんなもんかな」という認識で済ませてしまうため、変わることがない。

そうなってしまう理由は3つある。

## ①そもそも方法を変える必要性がなかった

これまでどおりの方法でも一定の成果が出るならば、何も変える必要はない。これまではその判断でも何とかなってきたと見なせたかもしれない。でも、組織を取り巻く環境や状況は変わってきている。最もわかりやすい例として、2020年に突如現れたコロナ禍が挙げられる。多くの企業がこれまでリアルでしか提供していなかったサービスを即座にオンラインでできるようにしなければならなくなった。あのときの状況は、これまでの方法ではどうにもならない、変えざるをえないという適応をまさしく迫ったわけだ。

もちろん、こうした状況変化は感染症や災害だけではない。顧客のニーズのそもそもの変化、既存サービスをディスラプト（破壊）しようと乗り出してくる新興勢力や海外企業の出現など、適応しなければならない状況にあるにも関わらず見過ごしているだけかもしれないのだ。

## ②考え直すための仕組みがない

そもそも、方法や手段を見直すという行為を、いつ、どのようにしておこなうのか。そうした見直しのためのすべを得る機会自体がこれまでなかった。ゆえに、方法や手段を変えたくても、組織内にその知見がなく、変えようがないまま続けているということがある。最初のルールやガイドラインは綿密に作ることができるが、その後それらをより適したものへと変えることが苦手な組織は多い。

### ③時間がない

先に描写したとおり、本質への貢献が薄い仕事ぶりによって、全体の時間が常に不足する状況を招いてしまう。「最低限の仕事で乗り切ろう」が常態化してしまう。そうした状況下では、方法や手段を見直そうというのんびりした（ように受け止められる）提言が挟まる余地はないだろう。

こうして「これまでこうしてきたから」問題が続くことになってきたんだ。

それでも結果が奮わないのであれば、どうにかしようという動きがそこかしこで出てくるはずだ。ところが、そうした機運が醸成されていないところに、現代組織の根深い病巣がある。次に挙げる、そもそものメンタリティ（心的な傾向）の問題がある。

## 「効率性ファーストのメンタリティ」問題（正解を出さないといけない）

日本の組織には共通するメンタリティが存在する。それは「効率性第一（効率性ファースト）」ということだ。これは、「仕事とは効率的に進めるものである」という、仕事に関する伝統的な価値観とも言える。

これまで、多くの組織で「効率性」が事業を進めるうえでの最優先課題となり続けてきたんだ。「作れば売れる」という勝ち筋があらかじめわかっているような事業においては、いかに効率的に作り、顧客に届けられるかが組織の優位性を決定づけることになる。日本の組織は効率性重視の下、その組織体制、プロセス、業務方法などを最適化し続けてきたんだ。

効率性を追い求めるということは、余計なことを極力排除することだ。究極的には、あらかじめ正解となるゴールを描き、そこにいかに最短距離でたどりつくかがすべてになる。サービスや商品の企画は「いかに正確な収益計画を事前に立てるか」、構築にあたっては「いかに期待どおりの品質とコストと納期できっちりと仕上げるか」が問われる。

こうした方向性は、1つ1つの業務活動や会議の進め方にも影響を与える。アウトプットはできるだけ指摘を受けないように回避が始まる。これも、突き詰めると本質的ではない方向へと走ってしまうことになる。不用意に情報を出さないようにして、指摘を受ける機会自体を減らそうという力学さえ働き始める。

効率性ファーストは、何がゴールとなるか正解をあらかじめ明確にできないような仕事には明らかにフィットしない。多くの組織でこれまでの判断ではうまくいかないということが、結果で突きつけられることになる。

## 「失敗が次に活かされない」問題（失敗の本質は同質の失敗を繰り返すこと）

じつは、期待どおりにいかない、うまくいかない結果を見れば、何をするべきだったか気づけることも多い。だから、失敗は変化への手がかりと言えるんだ。ただし、失敗を活かそうとする限りにおいてだけどね。

新しい方法や判断を試すにあたって、失敗は必ずといっていいほど伴うことになる。だから、失敗への向き合い方を備えておくことは必要不可欠なんだ。失敗の活かし方を手にしていないと、ただただ失敗を重ねるだけになってしまう。学びなき失敗を繰り返してしまうことが、真の失敗と言える。

なぜ、失敗を活かすことができないのだろう。定型的なタスクを繰り返すルーチンワークであれば、次も同じような失敗をしないための「改善」はむしろ必要不可欠と言える。実際、この手の活動をおこなえている組織は少なくない。

でも、新たなサービスや商品を企画し開発するような場合には、「失敗の活かし先」を見失ってしまうことが多い。「失敗」という判が、企画にだけでなく、担当した人にも押されてしまう。失敗を経験した当事者たちがその経験を活かし、別のテーマに改めて携わるということが極めて少ない。そもそも組織内で新規の取り組み自体が限られるため、そう何度も同じ人に機会を回すこと自体が少ない。次の企画は経験者を増やす狙いも込めて、ほかの人員で新たな方法を講じて取り組もうという判断はよくあることだ。

そうなると、失敗から得られた知見は属人的な教訓として当事者には刻まれ、それで終わってしまう。なぜか、難易度が高い新規の取り組みにはいつも経験が乏しい人員で挑もうとする、不思議な光景が組織の中では繰り広げられてしまう。

To

## 問いを立てるのと同時に、その問いに答えるための「プロセス」を取り入れよう

もちろん、今からみんなが不条理な仕事の進め方に縛られる必要はない。ここまで読めば、何が必要かはすでに見えているよね。

まず第一に、「問い」を立てて向き合うこと。効率性ファーストの裏返しとは、立ち止まって考えることだ。そこから始めないと、そもそも実現したいこととそのための手段が合っているかもわからないままだ。問いを立てることもなく、いきなり仕事に突入していくのは止めよう。

そして、問いを立てるのと同時に、その問いに答えるための「プロセス」を取り入れよう。問いに答えるにはほとんどの場合、情報が足りない。

顧客はだれか？
顧客の課題やニーズは何か？

こうしたことに最初から答えられるようなら、正解があらかじめわかっているということだ。もしそうなら、効率性ファーストでとっとと進めていくべきだね。

一方、答えられないとしたら、情報が不足しているから「情報自体を作る」必要がある。情報はいつもどこかに転がっているとは限らない。情報がないなら、自分たち自身で作り出すことも選ばなければならない。そのために「仮説検証」を仕事のプロセスに取り入れよう。先の章で述べたとおり、探索の活動として仮説検証は仕事に取り組むうえで必要不可欠になってきている。

「仮説検証なんてやったことがない」「何となく耳にしたことはあるがどうすればいいかはわからない」という人はきっと多いと思う。これから仮説検証の具体的な方法を身につけていくことにしよう。仮説検証は5つのステップから構成される（図2－1）。

さて、仮説検証の各ステップでの要点をつかんでおくことにしよう。理解が進むように、チームや組織のナレッジマネジメントのためのサービス企画を具体例として扱

## 2-1 仮説検証の5つのステップ

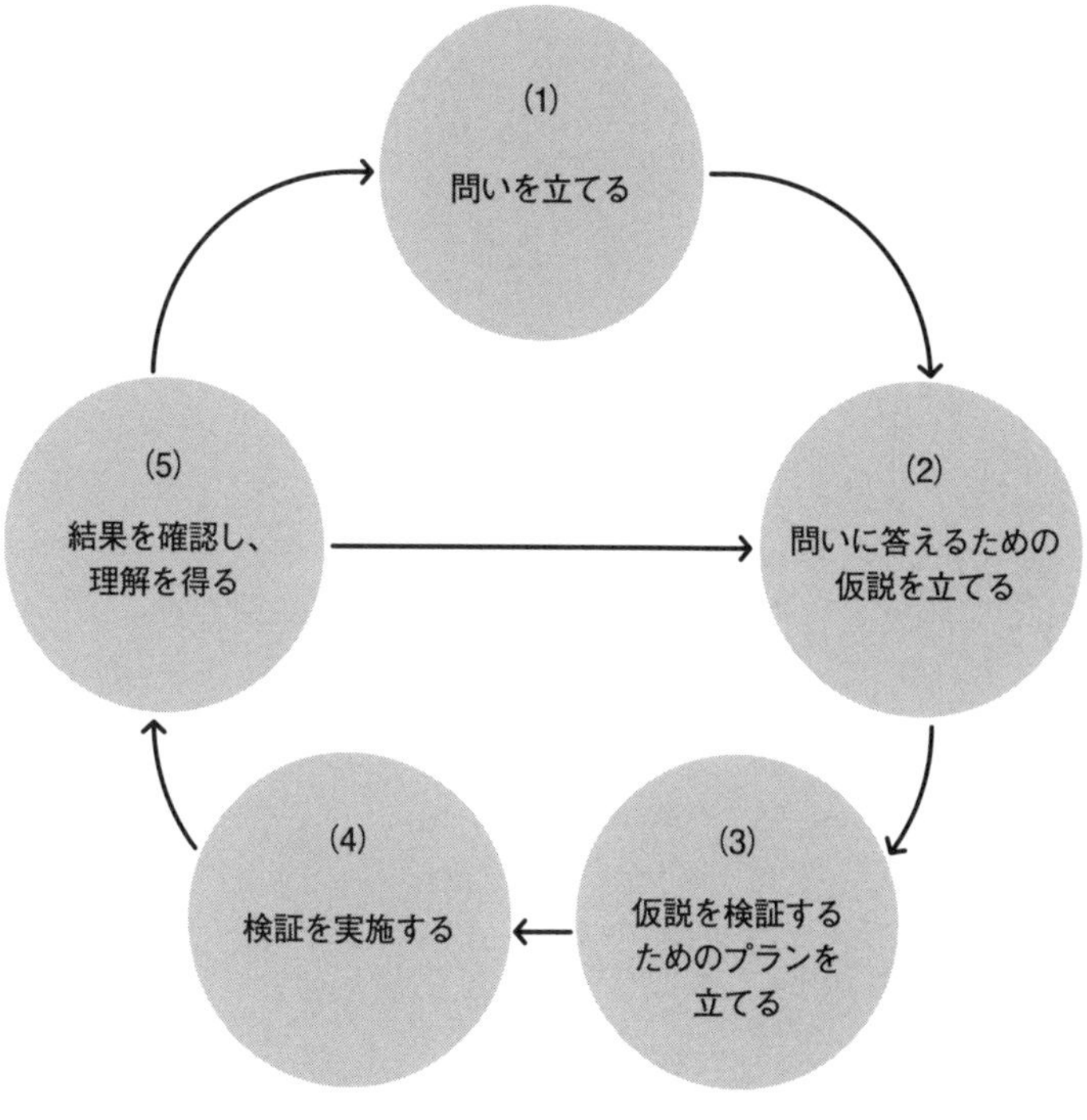
(1)
問いを立てる
(2)
問いに答えるための
仮説を立てる
(3)
仮説を検証する
ためのプランを
立てる
(4)
検証を実施する
(5)
結果を確認し、
理解を得る

おう。

## (1)問いを立てる

仮説検証は「問い」から始める。そもそも設問のない試験がありえないように、「問い」がない仮説検証はありえないんだ。

だけど、私たちは意外にも「問い」を立てることに慣れていない。効率性ファーストの世界では、スタートから、やるべきこと、タスクを積み上げて、それを順次片づけていくというモードにいち早く入っていく。どのような「問い」に答えるべきなのか、「問い」を設定するということが少ない。それでは設問が何かをろくに確認せず、いきなり試験の解答用紙を埋めようとするようなものだ。でも、こうした進め方に慣れ親しんできたのがこれまでなんだ。この進め方に染まってしまっているほど、そもそも「問い」をどう置けばいいかで迷うことになる。

何に答えるべきかは、もちろんテーマやその時々の状況によって変わる。何らかのプロジェクトの開始時点であれば「われわれはなぜここにいるのか?」といった根本的な狙いを問うところから始めるのがいいだろう。特に仕事を始める最初の段階は、

「なぜやるのか？」といった根本から考えるべきだ。

こうした問いを講じるにあたっては、５Ｗ１Ｈ（WHEN、WHERE、WHO、WHAT、WHY、HOW）をベースにしよう。５Ｗ１Ｈは古くから利用されてきた定番の観点だが、それだけに基本として持っておいたほうがいい。先の例で言う「われわれはなぜここにいるのか」は、WHYにあたる。５Ｗ１Ｈの中では、このWHYをまず捉えるようにしよう。狙い（WHY）が何かによって、その他の観点（４Ｗ１Ｈ）への回答も決まっていくためだ。

たとえば、ナレッジマネジメントのサービスを考えるとしたら、次のような具合だ。

**WHY（われわれはなぜここにいるのか）**

組織の中でだれがどんな暗黙知を持っているかを可視化できることで、個別の事業やプロジェクトで組織力を活かせるようにする

**WHO（だれに向けたものか）**

社内すべての人が対象（まずは技術職から始める）

**WHAT（何ができるのか）**

①だれがどんな経験、スキルを保有しているのかを参照することができる

②自分が求める経験や技術に基づき該当する人物を探し当てられる

**WHEN（いつ利用するのか）**

個別の事業やプロジェクトの立ち上げ時のメンバー選定や支援体制を作る際に（また進行中に協力を求める際に）

**WHERE（どこで利用するのか）**

社内であればどこでも利用できる

**HOW（どのように実現するか）**

①人材のデータベースを用意する

②インターフェースはチャットボットとし、バックエンドで自然言語処理をおこなえるようにする

③日常の業務チャットの利用内容から該当者の経験やスキルを推定し、自動的にデー

タベースを更新する

というわけで、５Ｗ１Ｈを基本としつつ、具体的な問いをストックしておくようにしよう。良い仕事は良い問いを持っているかどうかに依ると言っても過言ではない。たとえば、新しいサービスや商品の提供によって何かしら課題解決を図っていくような場合は、次の問いを持っておくといい。

・提供サービスや商品は有用か？（価値や意味があるか？）
・提供サービスや商品に継続性はあるか？（長く必要とされるか？）
・提供サービスや商品に広がりはあるか？（価値を広げられる可能性はあるか？）

最初の問い（有用かどうか）に答えられるだけでは、きっと物足りない取り組みになるだろう。サービスや商品の提供であれば、継続性や可能性についての観点も見ておきたい。このように良い問いを探したり、自分で作っておくことが大事だ。

## （2）問いに答えるための仮説を立てる

最初は、立てた「問い」に対していきなり確かな答えを返すのが難しいだろう。それはつまり、答えるための情報が不足しているということなんだ。だから、ひとまずはその時点で得られている情報から、いったんの答えを立てることになる。仮の説から「仮説」というわけ。もちろんそのままでは不確かで、仮説のまま物事を進め切るわけにはいかない。仮説の真偽を確かめるために検証をおこなうことになる。

仮説は、もう少し中身を分けることができる。仮説を作る観点は「前提となる事実」「仮定」「期待する結論」の3つだ。これらを組み合わせて、次の文章が成り立つかどうかを考えてみよう。

### 仮説のステートメント

「（前提となる事実）があるため、（仮定）によって、（期待する結論）が得られる」

ナレッジマネジメントサービスの場合で例を挙げよう。

**前提となる事実**

組織内で取り組む仕事の80%程度がこれまでの繰り返しにあたり、本当に新規の仕事とは全体の20%程度である

**仮定**

該当する領域の社内経験者を探し当てられることで

**期待する結論**

はじめて取り組む仕事であっても、組織内の知見にアクセスして利用できることで、最初から生産性を高めることができる

このステートメントでまず重要になるのは「前提となる事実」だ。仮説において、この部分が弱かったり、なかったりすると、ほとんど想像の見立てでしかなくなってしまう。仮説を立てる際には、まずどんな前提が置けるのかを捉えよう。もちろん、前提として置くのだから、その中身は確かで事実と見なせるものでなければならない。できる限り「前提が誤っていた」「事実ではなかった」なんてことが検証後に発

覚しないよう、慎重に置きたいところだ。

前提だけでは期待する結論が得られない、だからこそ仮定を挟む。たとえば、前提となる事実が「あるサービスが昨年度に売れに売れて50%以上の売上増であった」として、期待する結論が「今年度も昨年同様に50%の売上増が見込める」かというと、このままでは何の根拠もないよね。仮定として

「昨年度にはリーチできなかった顧客セグメントにPRするべく、チャネルとして動画広告を増やす」
「休眠している顧客を引き戻すための訴求機能を追加することで、アクティベーション率をXX%向上させる」

といったことを見立てる。前提と結論の整合（辻褄）を仮定で取るということだ。その後、検証をおこなうことで、新たな情報（事実）を獲得する（たとえば「想定どおりユーザーの動画視聴は多く、広告訴求が期待できる」だとか）。つまり、検証によって「前提となる事実」を増強し、「仮定」を減らしていく（事実に置き換える）わけである。そうやって、期待する結論の確からしさを高めていくのが狙いだ。

## （３）仮説を検証するためのプランを立てる

どのような検証をおこなえばいいか、そのプランを立てよう。検証をおこなったがたいした情報が得られなかった（知りたいことと検証方法がずれていた）、あるいは検証にとてつもない時間がかかり終わらせられない、コストがかかりすぎるといったことにならないようにしよう。

そのため、検証プランを立てる際には２つの観点を持って、検証手段を選ぶようにする。

### ①可能な限り効果的な手段を選べているか？

たとえば、新たなサービスや商品の有用性を確かめるためには、実際に利用してもらうのが理想だろう。できる限り、実際の利用状況、条件の下で試してもらうことで、有用かどうかの判断をおこなう。

## ②可能な限り早く結果が得られる手段を選べているか？

利用状況を実際に近づけるのが理想ではあるけど、そのための準備に多大な時間がかかるようであれば、本当に手段として適切か判断しなければならない。試してもらうサービスや商品について本物に近いものが用意できれば、よりリアルな反応やフィードバックが得られるかもしれない。だけどその分、相応の時間（そしてコスト）をかけることになってしまう。

効果的で、かかる時間を最小限にできる、そんな検証法を可能な限り探そう。たとえば、プロトタイプ的な試作品をまず作って、試してもらうようにする。インターネット上でのサービスを作るのであれば、プロトタイピングツールが充実してきているため、雰囲気を本物らしく見せて、想定ユーザーの反応を得るということがやりやすくなっている。

効果が高く、かかる時間が少ない検証方法を講じるにあたっては、検証プランを段階的にすることも考えよう。仮説検証の最初の段階では、圧倒的に情報が不足していることが多い。いきなりプロトタイピングを始める前に、対象者へのインタビューをまずおこなうほうが、効果的な検証を組み立てられる可能性がある。要は、顧客への理解が浅いため、プロトタイピング以前の段階にあるということだ。

顧客について基本的な理解を得たうえで、どんなプロトタイプを作ればより有用性を確かめられるかを検討し、次の検証とする。インタビューを一手目に置くことで、プロトタイプで作る範囲を絞ったり、あるいはプロトタイプを作るまでもなく仮説を変えるという判断もできる。

例によって、ナレッジマネジメントのサービス企画で考えてみよう。

**【①可能な限り効果的な検証手段を選ぶ】**

検証の要点が、「いかにして該当する領域の社内経験者を探し当てられるか」と捉えると、実際にチャットボットを用意した検証としたい。

さらに言うと、確かめたいのは「どんなワードを用いて探し当てたいのか」であり、（1）具体的なワードの収集（2）該当する人材情報の返信 をおこない、結果に満足が得られるかを測る。

**【②可能な限り早く結果が得られる検証手段を選ぶ】**

上記をおこなうために、市販のチャットボットサービスを利用する。ただし、シナリオを組んで自動応答まで持っていくには必要なデータを含めて準備に時間を要するため、ひとまず（２）は人力でおこない、サービスとしての有用性を確かめることとした。

## （４）検証を実施する

検証の実施段階においては、２つの要点を挙げておこう。

### ①検証活動を記録し、保全する

つまり、検証をやりっぱなしにしないということだ。何を実施して、どういう結果が得られたのか、記録を残しておくこと。

さらに保全するということは、そうした記録がどこにあったか迷子にならないよう管理するということだ。検証の結果は検証後も適宜立ち返り、確認することがある。せっかく時間を割いて検証したのに、肝心の記録が残っていなかったり、保管場所が迷子になって再度アクセスできないようだと、検証の意義が損なわれてしまう。

### ②検証実施中にふりかえりをおこなう

検証の方法自体を、適宜改善しよう。たとえばインタビューを実施する場合、10人なら10人の話を聞き終えてからインタビューのやり方に改善が必要か検討しよう、というのでは遅い。1人目のインタビューを終えた後に、さっそく実施にあたっての課題が何かなかったか、もっというと目的が果たせる検証になっているかを点検しよう。改善をさっそく走らせることで、その効果を検証活動に反映できるようにしよう。

## (5)結果を確認し、理解を得る

検証を終えたら、最初に立てた仮説を端的に評価しよう。

・前提に違いはなかったか?
・前提として言えることは何が増えたか?
・仮定は真として評価できるか?
・期待する結論は成り立つか?

こんな具合に、結果と照らし合わせて仮説を丁寧に確かめていく。

**例：ナレッジマネジメントサービスの場合**

【前提となる事実】組織内で取り組む仕事の80％程度がこれまでの繰り返しにあたり、本当に新規の仕事とは全体の20％程度である

【仮定】該当する領域の社内経験者を探し当てられることで

【期待する結論】はじめて取り組む仕事であっても、組織内の知見にアクセスして利用できることで、最初から生産性を高めることができる

**前提に違いはなかったか？**

問い合わせ内容について、社内で引き当てできないものはなかった

↓前提を「真」とみなす

**前提として言えることは何が増えたか？**

問い合わせ内容には偏りがあり、現在は特に「ＩｏＴ」「ＡＩ」に関するものが50％を占めた

↓必要とするナレッジにはトレンドがある

**仮定は真として評価できるか？**

人力による検索、回答によって、依頼者は概ね満足が得られるという結果だった
↓仮定を「真」とみなす

**期待する結論は成り立つか？**

当事者としての評価は得られたが、実際に生産性が高まったかまでは追加で確認する必要がある
↓追加の検証をおこなう

検証の結果、仮説が真偽の真と判断できるようであれば、問いへの回答として十分かを確認する（有用か、継続性があるか、広げられるか）。問いへの回答が充足するならば、仮説検証を終えて、次の段階へと進めることになる（施策を本格的に適用したり、実際にモノ作りをおこなったり、本来実施したいことに取り組む）。

一方、まだ問いに答えきれない部分があるようであれば、再び「（2）仮説を立てる」へと戻り、必要な仮説検証を追加することになる。多くの場合、有用性、継続性、可能性を一度に確かめることは難しい。仮説検証を重ねることで、これらの観点に答え

られるようになっていく。

　仮説が成り立たないと判断するならば、最初の仮説は棄却とする。再び仮説を立てるところから始めるか、問いへの回答を諦めてテーマ自体の見直しをおこなおう。正解があらかじめわからないということは、問いに答えることができないということも当然にありえる。

From
To

## 個別の活動に焦点を当てつつ、全体として成り立っているかに目を向けよう

効率性ファースト下での仕事の取り組み方と、仮説検証重視での進め方に大きな開きを感じられると思う。ただ、幸いにして昨今のDX（デジタルトランスフォーメーション）の流れが、仮説検証アプローチの必要性を後押ししてくれるところがある。DXへの取り組みに伴い、これまでの判断基準や方法、使う道具やツールに至るまで適切に変えていこうという合意が得られやすい。

ただし、実施にあたってはやはり注意する点がある。仮説検証の実施が「個別の活動としては正しい」が「全体の進行としては適していない」という状況に陥らないようにしよう。どういうことかというと、仕事にはそもそも全体として「このくらいの期間で何らかの結果を得たい」という期待があるのが大半だ。仮説検証しなければ問

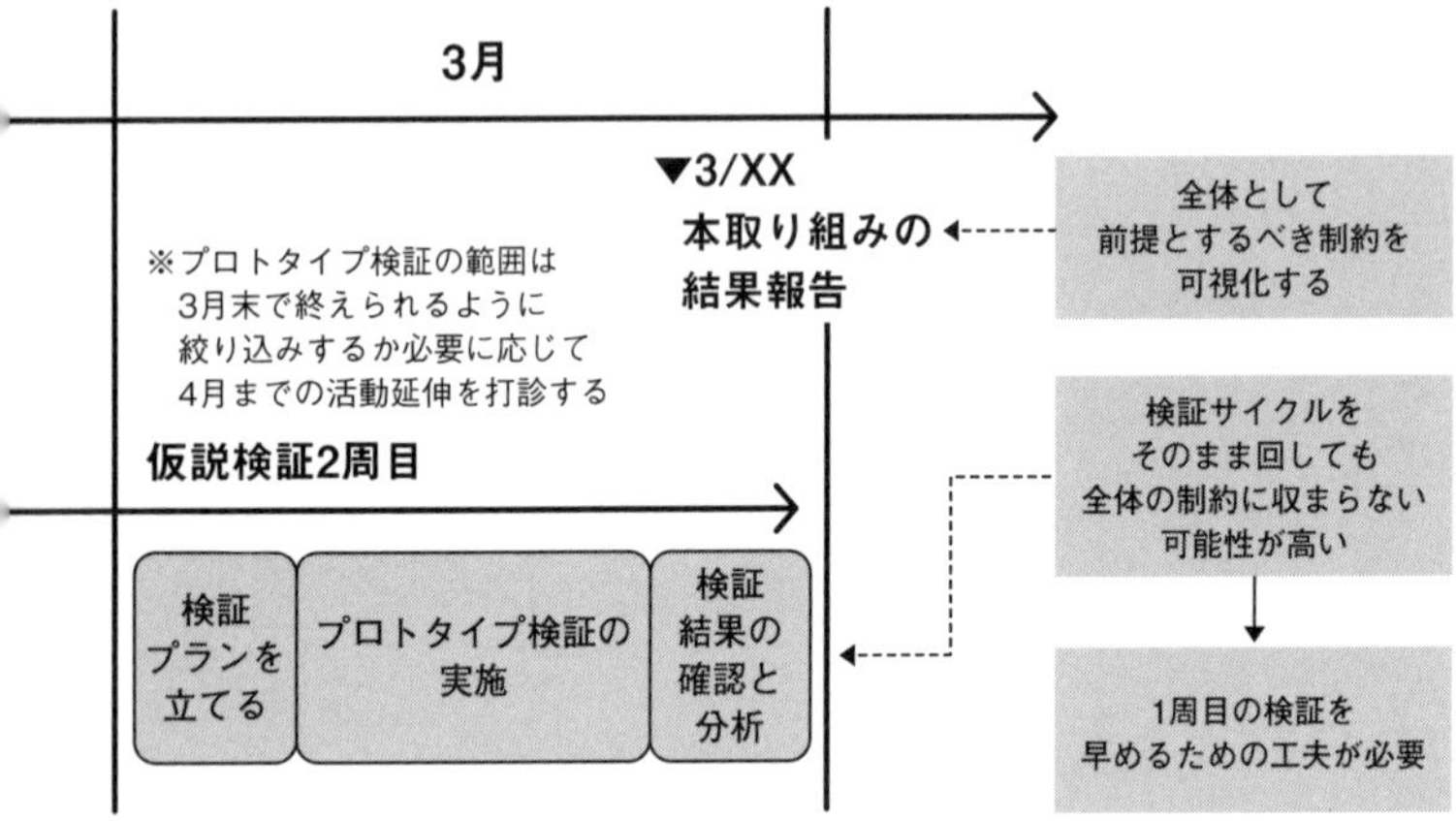
3月
▼3/XX
本取り組みの
結果報告
全体として
前提とするべき制約を
可視化する
※プロトタイプ検証の範囲は
3月末で終えられるように
絞り込みするか必要に応じて
4月までの活動延伸を打診する
仮説検証2周目
検証サイクルを
そのまま回しても
全体の制約に収まらない
可能性が高い
検証
プランを
立てる
プロトタイプ検証の
実施
検証
結果の
確認と
分析
1周目の検証を
早めるための工夫が必要

いに答えられないとしても、そもそもの全体の時間軸を無視できるものではない。たとえば、半年のプロジェクト期間が予算から決められたとして、仮説検証に1年を要するようだと、まったく間に合っていないということになる。

全体の期間に収まるように仮説検証の中身を工夫するか、検証しないことをリスクとして捉えたうえで検証結果以外の材料で判断する、ということもありえる。私たちは、常に何らかの制約の下で仕事をしている。だから、個別の活動に焦点を当てながらも、同時に全体として取り組みが成り立っているかに目を向けなければならない。

## 2-2 進め方の仮説を時間軸を伴う形で可視化しよう

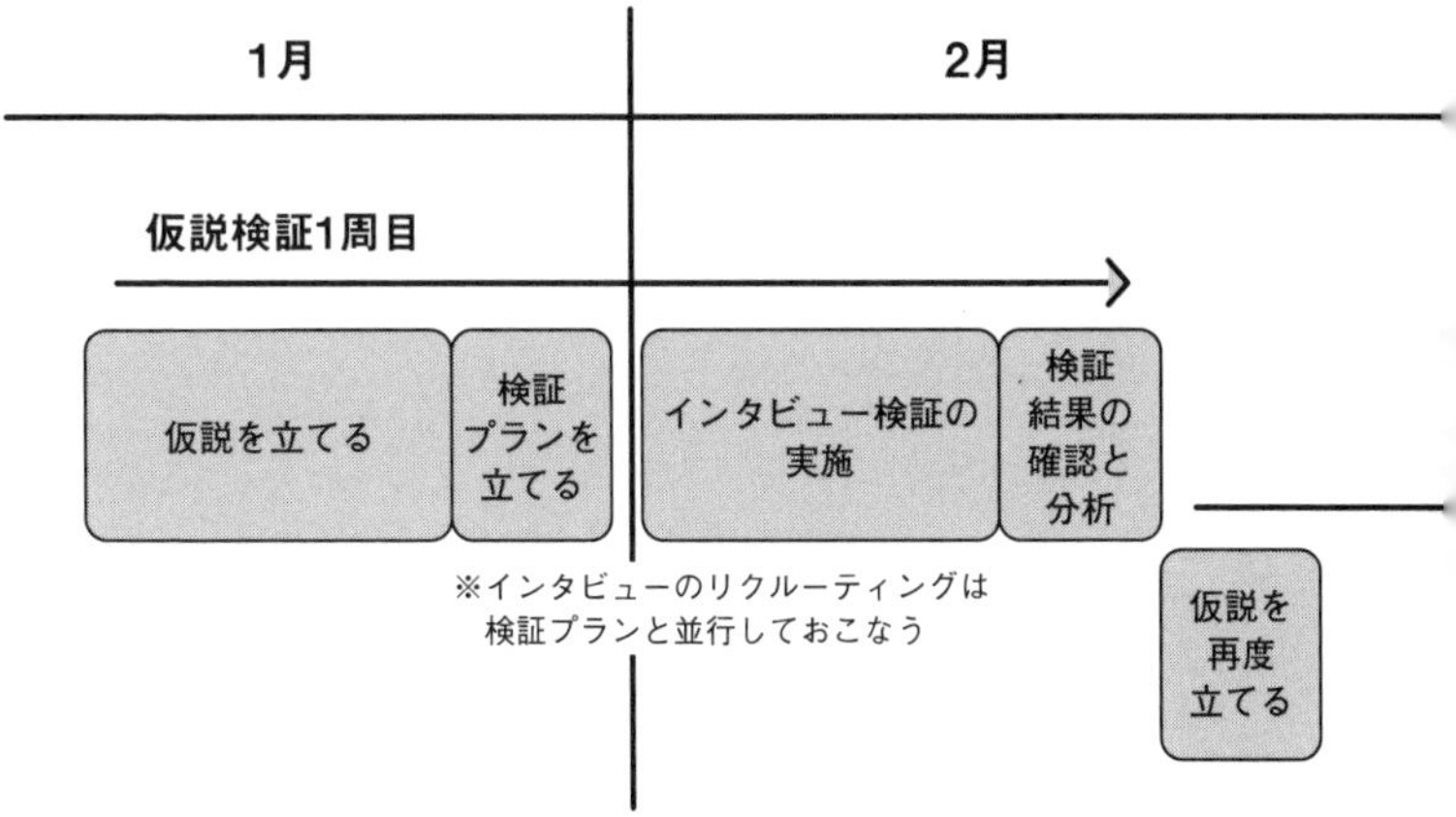
1月
2月
仮説検証1周目
仮説を立てる
検証プランを立てる
インタビュー検証の実施
検証結果の確認と分析
仮説を再度立てる
※インタビューのリクルーティングは
検証プランと並行しておこなう

## 全体のプランを時間軸を伴う形で可視化しよう

この個別と全体を行き来しながら進めていく感覚が意外と難しい。どちらかに注意を集めると、片方が置きざりになりやすい。ゆえに、プロジェクト全体の期間を制約として踏まえ、その中で仮説検証にどのくらい時間をあてるのかを目論んでおく。仮説検証は５つのステップで１サイクルとなるが、この章で示したようにインタビューとプロトタイプを両方実施するならば、少なくとも２サイクル実施することになる。２サイクルの仕事を詰め込めるかを、最初のプランニングの段階でざっくりとでも見立てておくようにする。

こうした算段を全体のプランとして、時間軸を伴う形で可視化しておく。自分たち自身が何をするつもりかわかるようにしておくのと同時に、関係者や上席者も見ればわかるように透明性を高めておくといい（図２－２）。

もちろん、インタビューを１サイクル回しても確かな結果が得られない場合もある。もう１サイクル分インタビューを回そうという判断をすることはざらにある。そこで、実施結果を踏まえて全体プラン自体を見直す。最初に立てたプラン自体が、あくまで「進め方の仮説」なのだ。実際に取り組んだ結果から、進め方自体も見直しながら組み立てていこう。

ただし、プランを見直す際は、残り時間との兼ね合いを見るようにする。再度検証が実施できるのか、あるいはリスクを含めて次の段階へ進めるべきか、適宜の判断を組み入れていくことになる。全体と個別の両方を捉えながら、手元の仕事を進めていこう。

第3章

# 想定どおりから、未知の可能性へ

## 評価の基準は「最初に立てた目標どおりであったかどうか」

From

近々評価面談があるということで、半年前に作った目標管理シートを見直そうと、ファイルを探してみるがなかなか見つからない。上司に送ったメールやメッセージを探してようやく見つかったが、最後に上司からもらった指摘を反映した版なのかが判然としない。とはいえ、いまさら上司に「最新の評価シートはどちらでしたっけ」とは聞けない。この半年、一度も目標管理シートに目を落とすことがなかったと宣言するようなものだ。

ようやく最新のシートを探し当てることができて、今度は中身を見て唖然とする。半年前に掲げた目標はあまりにも過去のもので、今目の前で取り組んでいるプロジェクトとはまったく関係のない内容を意気揚々と記載している。

どうやって、この内容を評価するのか？　上司に相談したいところだが、返ってくる答えは聞かなくてもわかる。評価の基準は、「最初に立てた目標どおりであったかどうか」だ。

それはそうだろう。たとえ、予定していた仕事やプロジェクトが違ったとしても、結局のところ組織が半年、年間で掲げている収益目標があり、それが個々人に直接的あるいは間接的に落ちてきているのだから。組織に課されていた目標が変わらない限り、評価する基準も変わらない。あくまで「最初に立てた目標どおりになることを正とする」だ。

## 「正解」からズレないことを基準に置いてきた組織が周囲からズレてしまっている

「最初に立てた目標どおりになることを正とする」このスタンスは、顧客からの要請、要求がベースとして存在し、それにきっちりと応えていくことが成果と見なせる仕事であれば、正しいものだ。こなすべきプロセスが日々の中で大きく変わることはなく、むしろ、いかにムダのないプロセスを基準として構築しておけるかが組織の強みとなる。仕事が基準からズレていないかが評価の対象にもなる。

翻って、きみの手元にある仕事に目を向けてほしい。顧客やユーザーがそもそも何を求めているかわかっているだろうか。そもそも、当の顧客やユーザーも自分たちが何が必要なのかわかっているのだろうか。

「変化の時代」といったフレーズは、もう10年も20年も言われているところがある。それでもなお、DX（デジタルトランスフォーメーション）という言葉がこれほどまでに必要とされているとおり、デジタル化の進んだ社会、周辺環境に組織自体が適応できなければその先が存在しない、という瀬戸際に組織は立たされている。

そう、「正解」からズレないように基準を置いてきた組織そのものが、周囲からはズレてしまっているのだ。コロナ禍でオンラインへの移行に苦戦したのはどんな組織だったか。言うまでもない。業界を問わず、伝統ある組織のほとんどが混乱に直面したはずだ。リモートワーク、オンライン環境への移行は、それまでの業務のルールや方法を逸脱しなければできないことなのだから。

環境が変われば価値観が変わり、「正解」が何かも変わる。いつでもどこでも電話を受けられることが便利だった時代がかつては存在したが、今や火急でもないのに電話をかけられるとストレスになることのほうが多い。

「カスタマーサクセス」という概念がある。顧客やユーザーが製品・サービスを利用することで自らの果たしたい目的を達成し、望ましい結果を獲得していくことを支援するあり方のことだ。顧客との関係を短期単発なものから、より長期的なものへと捉え直す企業にとっては、ごくあたりまえのスタンスとして扱われることになる。

しかし、顧客との関係を長期的かつ、継続的に持つわけだから、当然ながらその間に渡って顧客とのコミュニケーション、サポートの分、何らかのコストを伴うことになる。この事実は、従来の基準で最適化した組織にとっては、あってはならないこと、効率への最適化に反することになる。

「組織にとって利益につながらないことを推進する判断は取れない」

そんな理屈の前で、新たな施策や取り組み、ツールやプロセスの導入が一向に進められず、何ひとつ変化を起こせず悔しい思いをした人もいるだろう。

これはもはや考える順番がおかしくなっている。顧客のサクセスがあるからこそ、結果（収益）が伴うのだ。

「はたして、これまでの顧客対応、提供サービス・製品で、顧客のサクセスは得られているのか?」

ここを捉え直すことなく、自分たちの収益性による判断を優先し続けることがどんな未来へとつながるのか、想像に難くない。

# 「適応の時間」を明確に取るようにしよう

To

これまでの組織のあり方自体が顧客からズレているとしたら、何がズレているのかを理解し直すため「どんな発見や学びがあったのか」に焦点を当て直さなければならない。変えなかったこと、変わらなかったことではなく、変えるべきことは何かがわかることに価値がある。

そこで、きみは何を手がかりにするといいか。日々の自分の活動に「適応」を取り入れよう。何やら難しい言葉に感じるかもしれないけど、大丈夫。もう、日常において自然と「適応」を身につけているのだから。

はじめて自転車に乗ったときのことを覚えているかい。あの細いタイヤだけで走っていくために、どんな乗り方をしたか。きっと、すぐに地に足をつけるように構えながら、ちょっとずつ前に進めるような動きを取ったのではないかな。ちょっと進んで倒れそうになる、を繰り返していくことで、体で動き方の塩梅を捉えていく。これが「適応」なんだ。

適応ができるためには、「結果から学ぶための時間」をあらかじめ用意しておくことが大事だ。やったことから何が得られるか予測がつかないからこそ、少なくとも結果に向き合うことだけは確かにしておかないと、暗中模索で何の拠り所もないことになる。観点には「ふりかえり」と「むきなおり」の2つがある。

## ふりかえりをしよう

ふりかえりとは、過去のことに基づいて、現在（いま）の振る舞いを正し、次にやることをより良くする観点だ（図3-1）。次の2つの問いかけを用いる。

### ①「明らかにうまくいっていないこと、またはもっとうまくやれそうなことに何があるか？」

まず、明らかに結果が振るわなかった、壁にぶつかり結果にまでそもそも至らなかった事案を取り上げよう。うまくいかなかったのは妥当な結果なのか、その要因を探っていく。ただ単に必要な準備ができていなかったのか、そもそも十分に注力する時間が取れなかったのか。どんな理由であれ、「思うようにできなかった」というエクスキューズが続かないように、その原因から断ち切ろう。

また、明らかな「失敗」だけではなく、もっとうまくやれたのではないか、やれそうなことがあるかという視点も持っておこう。結果は一応出ているが、もう一歩進められそうと感じること、そこに最初の可能性がある。手の届きそうな範囲での改善から着手することで、ポジティブな結果を早く得ることができる。遠くにあって、たどりつけるかどうかわからない成果より、近くにある着実な進歩によって「適応による変化」を体感することをまずは選ぶことにしよう。

### ②「うまくいったと感じること、いつもより結果が出たことはないか？」

次に、よりポジティブな観点で問い直そう。いつもよりうまくいったこと、結果が出たと感じることを意識的に探してみる。この「意識的に」というのが前提だ。顕著でわかりやすい成果がいつもいつも現れるわけではないから、漫然とふりかえったとしても「だいたいこんなものかな」で片づけてしまいがちになる。事実として起きていることは小さなものでも構わない。得られたポジティブな変化をより増幅させるための工夫は改めて講じていけばいい。

たとえば、以前作った資料を使い回すことができたので、いつもより早くアウトプットできたとする。そこから得られる次の工夫は、「アウトプットを作りっ放しにするのではなく、後で取り出せるように保管・整理しておく」かもしれないし、「最初から再利用できるように、元となるアウトプットをパターン分けして作っておく」ことかもしれない。

ふりかえりの手がかりとなるのは、「結果」そのものだけではない。仕事に取り組んでいて楽しかった、前向きでいられた、夢中になった……そうした自分の「感情」も手がかりになる。感情がポジティブに振れているということは、そこには仕事をより良くしようと推進する力が働いているかもしれない。

たとえば、だれかと対話しながらアウトプットを作っていくことに楽しさを感じたなら、仕事をただ受け渡しするより一緒に取り組んだほうがアイデアを出し合ってアウトプットを磨くことができる。2人や複数人で1つのアウトプットに取り組むことを方法の1つとして捉えて、意識的に仕事に取り入れてみる、といった具合だ。

## 3-1 ふりかえり

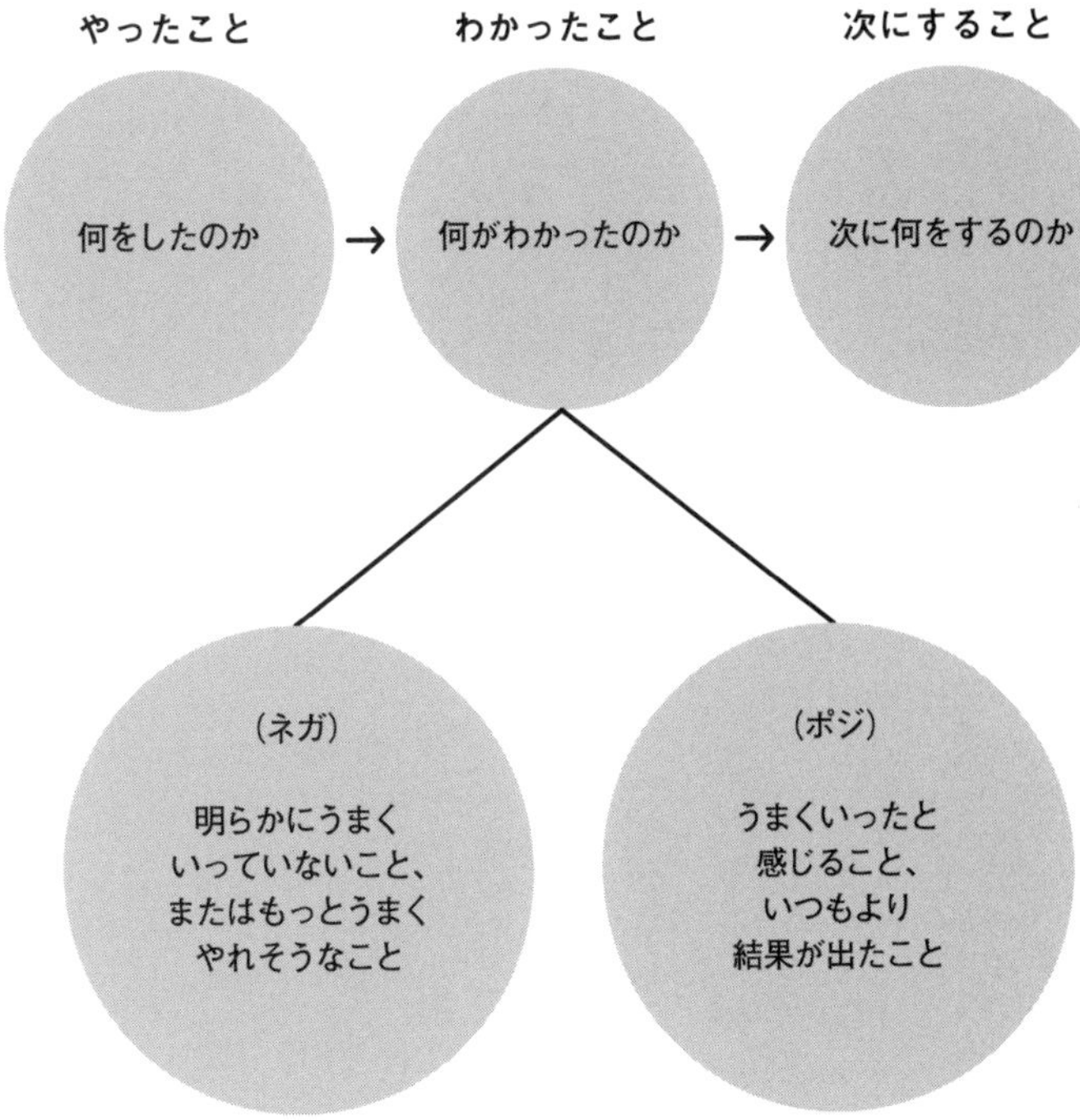
やったこと
わかったこと
次にすること
何をしたのか
何がわかったのか
次に何をするのか
(ネガ)
明らかにうまく
いっていないこと、
またはもっとうまく
やれそうなこと
(ポジ)
うまくいったと
感じること、
いつもより
結果が出たこと

## むきなおりをしよう

ふりかえりが過去から現在に向けた動きだとすると、むきなおりは未来から現場を捉え直す観点になる。そもそも実現したいこと、向かいたいところは何だったかをまず思いだすこと。そのうえで大事なのは、最初に決めた方向性に拘泥することではない。むしろ、意識的に「方向性の再定義」をおこなう。現在（いま）に至ることで見えてきた、そこから先の「向かいたい方角」を捉え直すことだ（図3－2）。そう、むきなおりにも2つの問いかけがある。

### ①「そもそも実現したいことは何だったか、そこに向けて必要なことができているか？」

私たちは目の前の仕事に集中すればするほど、大本にあった目的や目標が見えなくなってしまうことがある。目の前のタスクや作業をいかにうまくこなすかに焦点が移ってしまい、もともと実現したかったことや、制約条件（期限や予算、適切なクオリティ）を置き去りにしてしまう状況だ。これは仕事の上手下手ではなくて、「焦点を当てると立ち返れなくなってしまう」性質として捉えたほうがいい。どんな人、チーム、組織にも起こりえることだ。

まず、目的と目標を思いだすこと、それを定期的におこなうことから始めよう。そのうえで、今取り組んでいることを繰り返すことで目的や目標にたどりつくのかを確かめる。もし、手元の仕事はまちがっていないが、どれほど時間を投じたところで実現したいことに届きそうにないなら、現在（いま）取り組むべきことを変える必要がある

## ②「ここまでの学びを踏まえて、次に向かう先はどこになるのか？」

むきなおりのもう1つの問いは、より根本的なものだ。現在（いま）まで取り組んできたことすべてを踏まえて、方向性自体を問い直し、舵を切り直す。先ほどの「目的・目標と手元でおこなうことの一致を作る」ことに対して、こちらは目標もしくは目的自体を再定義するということだ。

探索の度合いが高い仕事ほど、こうした状況は起こりうる。むしろ、受け身ではなく、自ら方向性を決めに行くスタンスを持つようにしたい。意識的に方向性が合っているのかを見るようにしなければ、「進んでいた道自体が誤りでした」という大いな

## 3-2 むきなおり

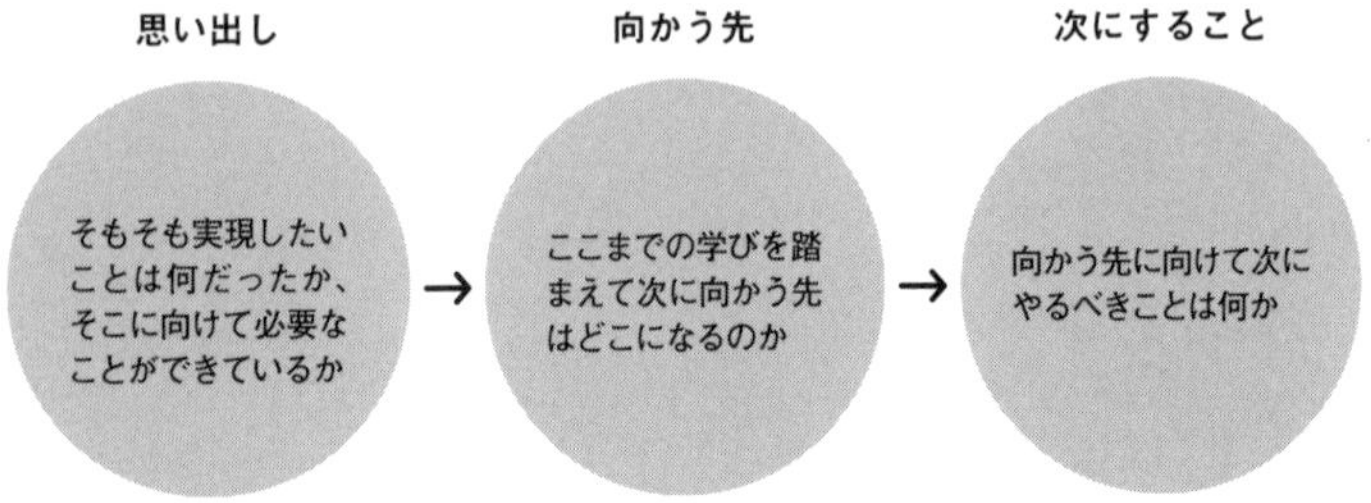
思い出し
向かう先
次にすること
そもそも実現したいことは何だったか、そこに向けて必要なことができているか
ここまでの学びを踏まえて次に向かう先はどこになるのか
向かう先に向けて次にやるべきことは何か

るムダが起きかねないからだ。どこまで行けば本来の方向性が見えてくるかは、あらかじめわかることではない。いつわかるかがわからない以上は、やはりむきなおりを一定間隔で実施し、わかるときを捉える網を張っておくほかないのだ。

こうしたふりかえり、むきなおりを定期的に実施し、目先を変えられる仕組みを用意しておくことが必要だ。ふりかえりも、むきなおりも、週1回程度の実施を置いたほうがいいだろう。ただし、むきなおりのほうは方向性自体を見直す機会だから、ふりかえりよりは長目の感覚を取り、「2回ふりかえりを実施したら、1回むきなおりをする」といった頻度を取るといいだろう。

そんなに時間を取るのかって？　どちらも1回1時間程度で構わない。1時間と決めて、その中で問いに向き合うとしよう。

## 領域を越境していこう

こうして、ふりかえりとむきなおりを繰り返していると、時に新たな学びが得られず、「惰性でやっている」感覚になることがある。同じ領域を掘り下げているだけでは、それ以上掘りようがなくなるところへたどりついてしまう。仕事の範囲は、熟れていけばいくほどに、範囲と所与の条件を固定化してしまう。これも、人やチームの性質として捉えたほうがいい。必ず迎えてしまう状況だから、そのときを迎えたときに別の判断が取れるように仕組みを作っておくことが最善の手だ。

それまで置いてきた「仕事の範囲」を越えていくタイミングは、自分で作る必要がある。領域を越境していく際の手がかりは3つだ。「課題」と「対象者（顧客）」、それから「実現手段だ」。

まず最初に、次の可能性を見いだすための方角として考えられるのは2つある。

## 3-3 課題やニーズを変えるか、顧客を変えるか

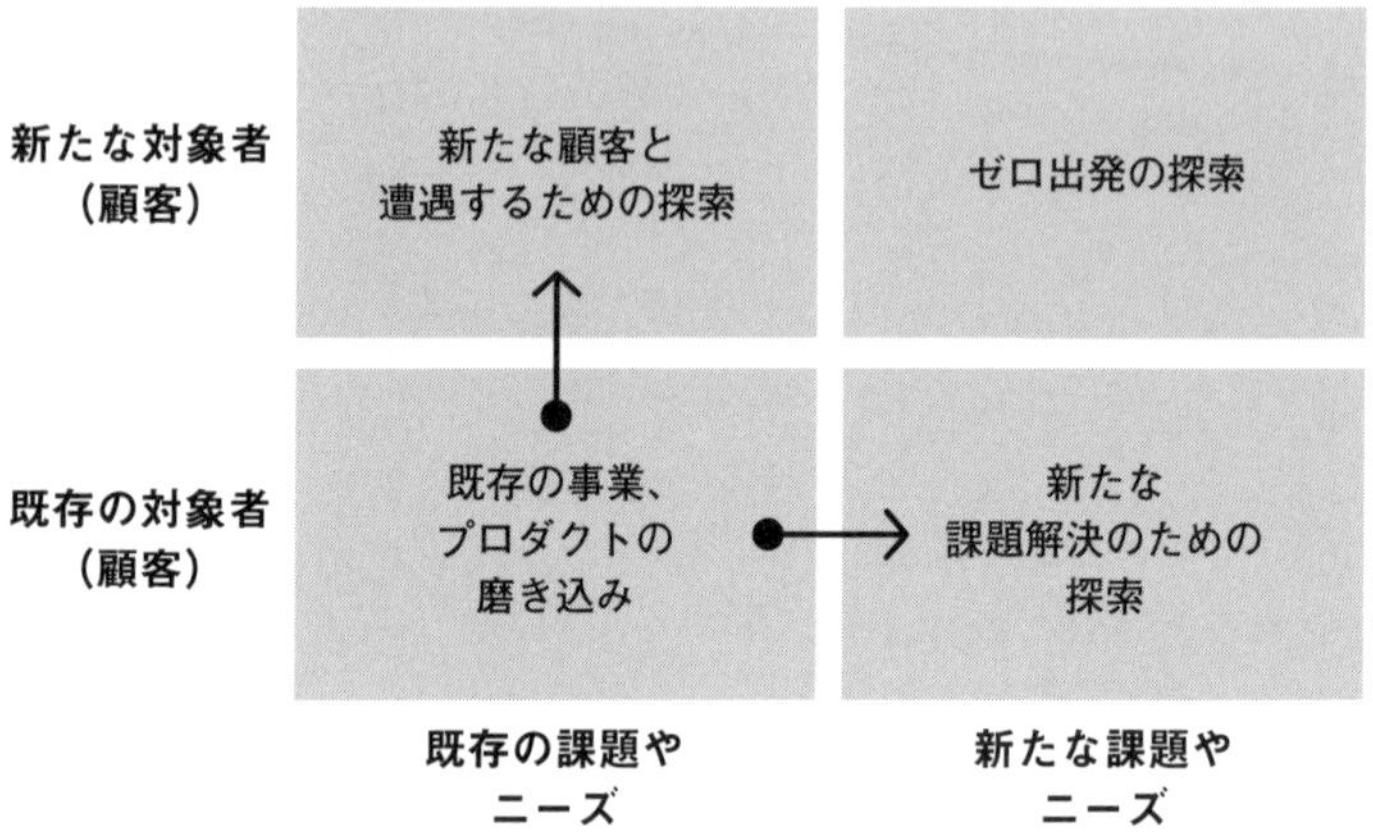
新たな対象者（顧客）
既存の対象者（顧客）
新たな顧客と遭遇するための探索
ゼロ出発の探索
既存の事業、プロダクトの磨き込み
新たな課題解決のための探索
既存の課題やニーズ
新たな課題やニーズ

・解決するべき課題やニーズを変える
・対象とする顧客を変える

これまで扱ってきた課題やニーズよりも範囲を広げて、新たに解決する対象を広げるのが前者であり、対象とする顧客を既存の範囲から増やすのが後者になる。この両者を同時に取り組むのはハードルが高く、どちらかを選択し展開していくのが定石だ（図3－3）。

この2つとは別に、もう1つ実現手段を変えるという方向性もある。つまり、解決する課題やニーズも、対象とする顧客も変えないが、サービスや製品を実現するための手段をより効率的、効果的な

モノへと変えるという選択である。これまで人の手でおこなっていたことをＡＩに置き換えられないか。あるいは、開発のための技術やプロセス、もしくはモノを届けるためのマーケティングやＰＲの方法、さらには作る側のチームや組織の構造やその中における役割定義、コミュニケーションのあり方に関することでもありえる。

こうしたことを聞くと、「ずいぶん大きな話で自分には関係がない」と思うかもしれない。ここで示しているのはあくまで方向性のことだから、実際にどんなレベルで適用するかはさまざまだ。サービスや製品の「１つの機能」レベルでの課題解決の話かもしれないし、新たにサービスを作り出そうとする「新規事業」レベルの話かもしれない。どのレベルであっても、現在（いま）の延長に学びを感じなくなったならば、３つの方角はいずれもあてはめることができるだろう。どこまで取り組むは、きみがいる立場によって変わる。

どの方角に進むにせよ、最初はまさしく探索が必要になる。まず「知る」ことから始めよう。最初は新たな課題や顧客だといっても、具体的な仮説も立たないだろうから、まずもって情報量を増やすほうに舵を切ろう。幸いにして、世の中には情報そのものも、それを知るための手段（デスクトップリサーチ、アンケート、インタビュー、ＡＩによるリサーチ……）も数多くある。

ただ、得られる情報のすべてが有益なわけではない。最初はどれが有益でどれがそうではないかさえ判断がつかないため、不用意な思い込みを避けてどっぷりと情報に浸かるつもりでいこう。そのうえで、第2章で示した仮説検証のプロセスを取り入れるんだ。何が課題なのか、だれが顧客になりえるのか仮説を立て、その確からしさを得るための検証をおこなう。仮説検証という探索と、その結果から学びを得て次を決めていく適応。この2つを繰り返していくことで、私たちは自分たちが向かうべき方角、あるいは向かいたいところが見えてくる。あくまで段々とね。

## 探索と適応のバックログを作ろう



探索と適応を継続していくには、仕組みのうえで工夫を取り入れよう。具体的には「バックログ」を作っていくことだ。

バックログというのは、これからやるべきこと、取り組みたいこと、そうした施策やテーマを一元的にまとめたリストのことだ。タスクマネジメントにおけるタスクリストがイメージに近いけど、対象はタスクや作業ではなく「探索」と「適応」だ。この2つの観点でのバックログがまず存在しているかどうか、そのうえでどのくらいのバックログを扱えているかを見ていくことで、探索適応欠乏症（目の前のことに最適化し続けているだけという事態）に陥っていないかがわかるようになる（図3-4）。

## 3-4 探索と適応のバックログ

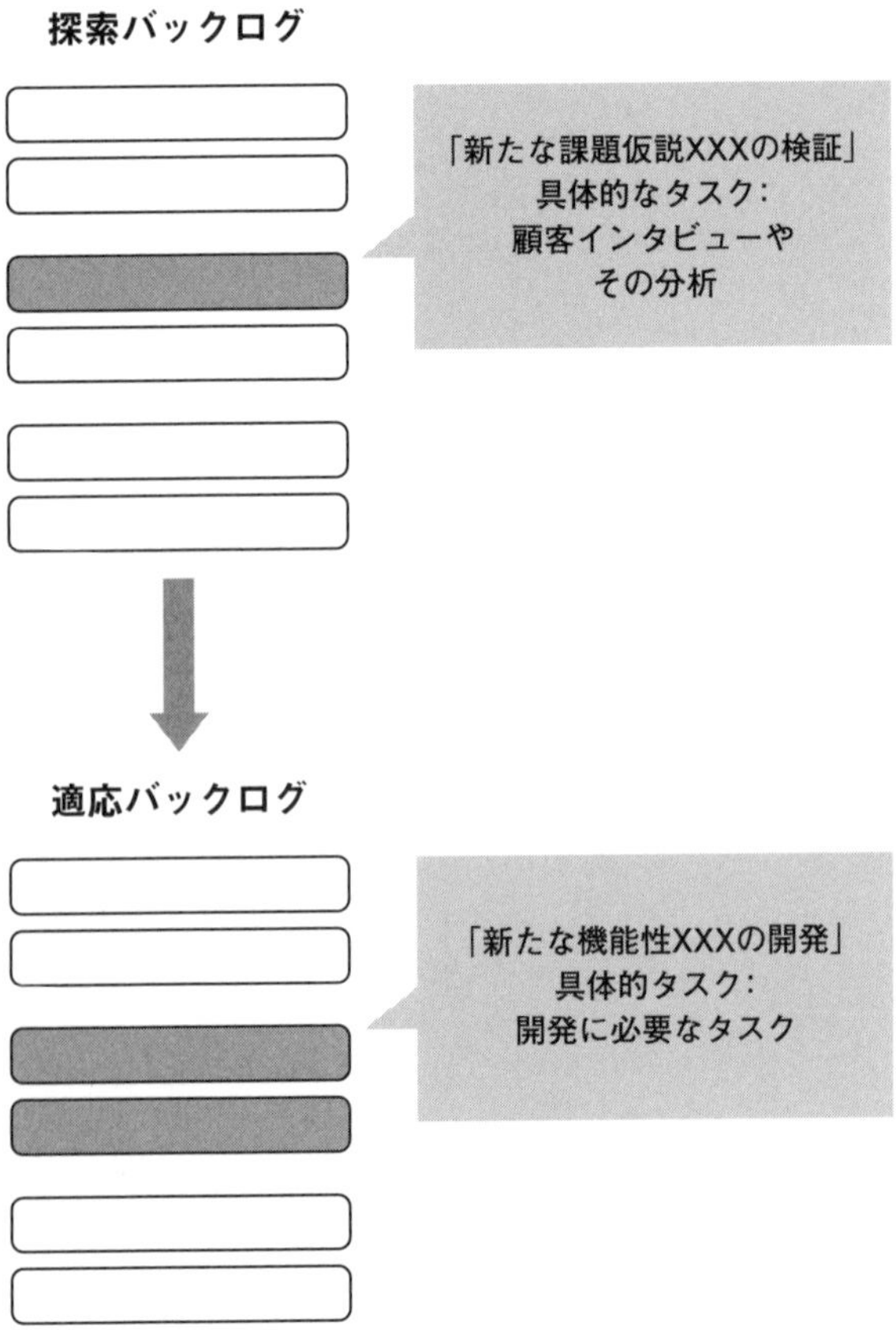

探索バックログでは、具体的にどんな仮説検証をおこなうのか、その切り口やテーマを挙げておくようにしておこう。一方、適応バックログでは、具体的にどのような変化を生み出すのか、そのための活動候補を扱う。

たとえば、新しいサービスの機能性を検討するならば、どんな課題を扱うべきか、さらにどのような機能性でそれを解決すると顧客にとって最も適しているのかを探索しなければならない。探索バックログには、「新たな課題仮説XXXの検証」を挙げて、具体的なタスクとして顧客インタビューやその分析などを捉えておくことになる。

こうした探索の結果、どんな機能が必要かが見えてきたとする。実際に機能を実現して、ユーザーへの本格提供を始めようとするならば、適応バックログに「新たな機能性XXXの開発」を挙げて、具体的な開発タスクに分解していくことになる。

こうして探索と適応のバックログを運用していくことで、バックログを見ればどれほどの探索が予定されているか、またどれだけの変化を起こそうと画策しているのかがわかるようになる。

そもそも探索と適応のバックログがない、あるいは挙げるものがないとしたら、危うい状況と言えるだろう。まずもって、最初の可能性と変化を1つでも積み上げること。それが、可能性を切り開き、変化を生み出す一歩目になる。

# 第4章

# アウトプットから、アウトカムへ

From

## 「品質が王様」という価値観

きみが社内で企画を通すために、上席者によるレビューや審査といったセレモニーを通すことに全集中を要すのが日常になってないか。

上席者とのレビューはチャンスが限られるから（1ヶ月に1回あればいいほう）、1回で無事通さなければならない。さもなくば、後続の仕事がみるみる遅れていくことになる。心配なのはきみだけではない。周囲の関係者も、ここが山場だと、同じように緊張感を高めてくることだろう。昔のロールプレイングゲームさながら、ラスボス（上席者レビュー）に向けて、まずはいくつもの中ボス（中間職レビュー）を撃破しなければならない。

こうした過程で、いったい何を担保しているのだろう？　もちろん決まっているじゃないか。「品質」だよ。

アウトプットにまちがいがあってはならない。まちがいは企業としての競争力を損ない、伴う手直しが業務コストを飛躍的に高めてしまう。顧客にも社内にも迷惑がかかる。徹底的にまちがえないようにすることで、組織としての効率性を上げる。品質が王様で、それに仕えるために過程もアウトプットも完璧でなければならない。

## 品質を高めるために、何度も幅広く検査する

かつてはモノにせよサービスにせよまず存在することが大事で、あとはその性能・スペックがどのくらい良いかが差のつくところだった。家電製品にしたって、パソコンや携帯電話にしたって、品質の良し悪しは性能・スペックで判断される。あとはコストが見合うかどうか。どんな機能性が必要なのかは概ねわかっていて（わかっているとされ）、求める品質も事前に決めることができた。

だから、品質を高めるためには、2つのことを問えばよかった。

・インプットとして必要なものが揃っているか？

・プロセスが決められたとおり遵守されているか？

後は生み出されたアウトプットを検査して最終判断をおこなう。

ただ、最後の検査はあくまで結果の確認でしかないから、その時点で品質を担保するのは遅すぎる。インプットの精査やプロセス、過程のチェックが大事になるというわけ。

品質を過程で確保するためには、どうしたらいいか？　一度や二度ではなく、何度も検査しようということになるし、検査の種類も幅広くおこなおうということになる。

工夫はそれだけではない。アウトプットを生み出す過程をいくつかのフェーズ（工程）で分けて、チェックをおこなえば、手戻りを最小限に留めることができる。チェックでの瑕疵の発見が遅れれば遅れるほど、手戻りが大きくなり、時間もコストも増える。まちがいはできる限り手前で見つけるようにしたい。だから、フェーズを飛ばしてしまうなんてことがないように、きちんとフェーズとフェーズの間で検査をおこない、一定の条件や基準を満たしていなければ通せんぼをする。この役割はフェーズゲートと呼ばれる。フェーズゲートの仕組みで、アウトプットの品質を徐々に確実な

## 4-1 フェーズゲートの仕組み

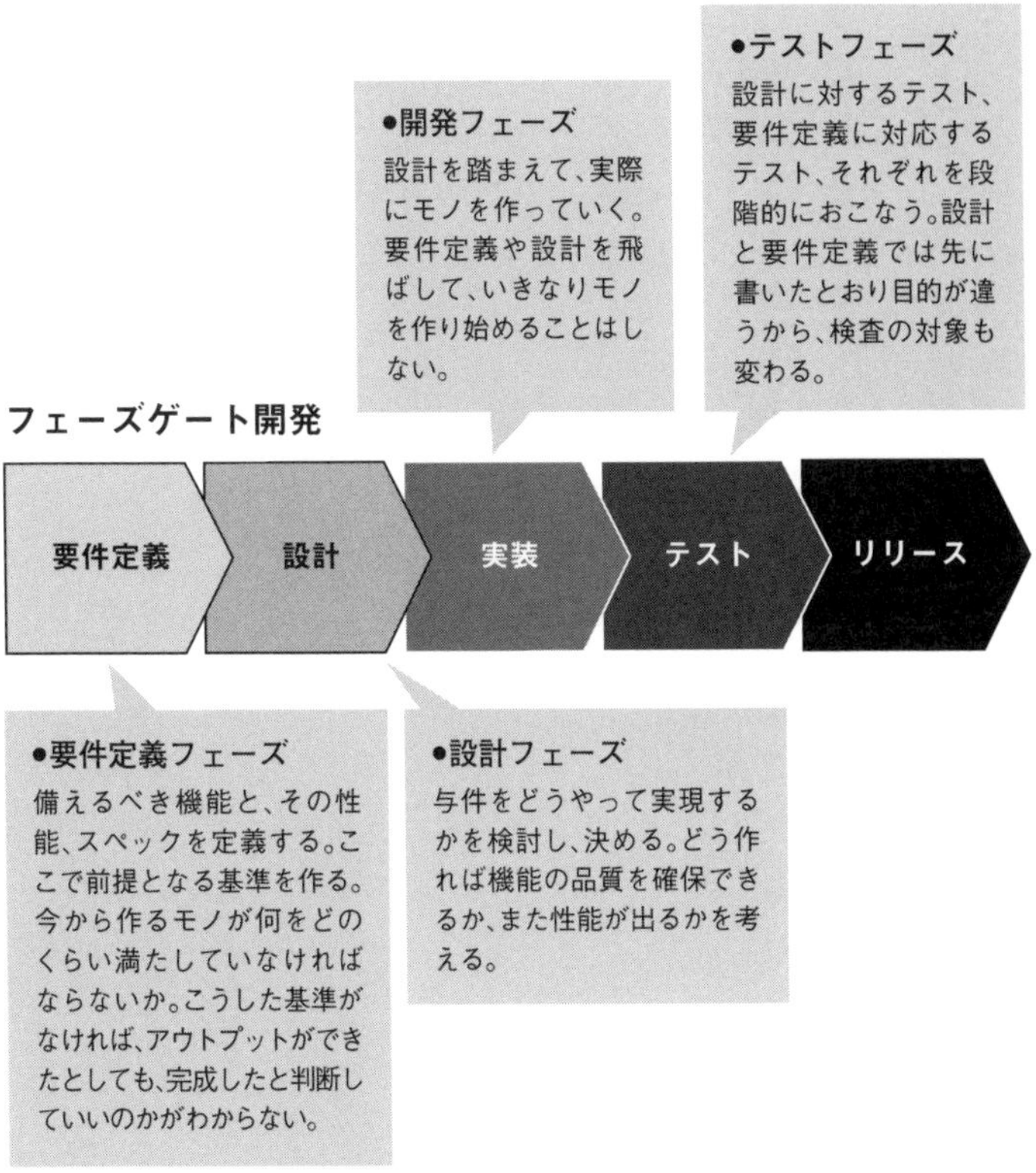
●テストフェーズ
設計に対するテスト、要件定義に対応するテスト、それぞれを段階的におこなう。設計と要件定義では先に書いたとおり目的が違うから、検査の対象も変わる。
●開発フェーズ
設計を踏まえて、実際にモノを作っていく。要件定義や設計を飛ばして、いきなりモノを作り始めることはしない。
フェーズゲート開発
要件定義
設計
実装
テスト
リリース
●要件定義フェーズ
備えるべき機能と、その性能、スペックを定義する。ここで前提となる基準を作る。今から作るモノが何をどのくらい満たしていなければならないか。こうした基準がなければ、アウトプットができたとしても、完成したと判断していいのかがわからない。
●設計フェーズ
与件をどうやって実現するかを検討し、決める。どう作れば機能の品質を確保できるか、また性能が出るかを考える。

フェーズの最中にはレビューを適宜おこない、
フェーズを終えるところではフェーズゲートの審査がある。

ものにしていこうという算段だ（図4－1）。

組織としてこの取り組みを仕組みにまで持っていくには、だれがやっても同じレベルの品質を期待できるように、プロセスを統一しておく必要がある。どういうインプットを揃えるべきか、プロセスとしてフェーズおよび各フェーズでおこなうべきタスクとレビューの定義、その後のフェーズゲートの設置、アウトプットの検査の基準……こうしたことを組織標準として定める。

それを踏まえて、標準に則って仕事を進めること、この遵守が組織の中で求められることになる。組織における標準は法のようなものだから、相当の矯正が働く。標準に則り仕事を進めることはあたりまえ、そう、いかなる場合でも守らなければならない……。

## アウトプット自体が決められなければ3つのムダが生じる可能性がある

何を作ればいいかがあらかじめ決められる場合においては、この仕組みは有効に働く。むしろ、医療のような人命に関わる領域や、社会活動に与える影響が大きい交通系や金融系、エネルギー系のような領域では、まちがいが許容し難いので、不可欠となるだろう。

しかし、いま増えているのは、アウトプット自体を決められないような仕事だ。たとえば、Z世代に向けた仮想空間上の新たなコミュニケーションサービスや、シニアでも自然と使いこなせるやさしい金融サービスといったものを生み出そうとするときに、正解なんてあらかじめ決められるだろうか。はたして、だれが、どういう基準で決められるだろうか。当事者のユーザーや顧客自身も、何が必要だと言うことは難しいだろう。そういうものに対して、フェーズを決めて、順次品質を高めていくというプロセスを適用できるだろうか。

先に伝えておくと、これまでの方法がまったくダメでゴミ箱に捨てたほうがいいと言いたいわけじゃない。ただ、どこに何を適用するのかをまちがえると、とんでもない「3つのムダ」が生じることになる。

## ①考えすぎのムダ

レビューやフェーズゲートにむけてどれほどのドキュメント・資料を作り込んだとしても意味がない。かけた時間が長ければ長いほど正解にたどりつきやすくなる、という理屈ではないからだ。レビューや審査で確認・判断する側も、正解を見極める材料を持ちあわせていない。

## ②作り込みすぎのムダ

同様に、何が必要なのかわからない中で、想定で機能を数多く作り込むとか、性能をとにかく高めるといったことに時間とお金をつぎ込んでも、成果が約束されるわけではない。ムダに作り込みすぎないようにアウトプットの範囲を狭めたとしても、組織の仕組みのほうが従来のままだと、多大なテストや検査をおこなうことが求められ、オーバーヘッドのほうが大きくなってしまう。

## ③継続するムダ

たっぷりと時間をかけて、ようやくアウトプットを社内外に投じることができたとする。半年、1年と時間をかけているうちに、だんだんと状況が見えてくるところも出てくる。たとえば、競合他社が先んじてサービスを提供してしまったりだとか、さまざまな調査やデータが得られることでユーザーや顧客の期待が明らかとなり、自分たちが手がけているアウトプットが見当違いだと気づいてしまうようなことが起きる。

時はすでに遅し。いまさらサービスを変えることはできず、ほぼそのまま提供するよりほかない。さらには、その先においても組織の仕組みが変わっているわけではないので、考えすぎのムダ、作り込みすぎのムダが引き続き生まれることになる。何をするにしても、相変わらずのチェックと、品質基準をクリアすることが求められる。

## 問うべきは「アウトカム（成果）が得られるかどうか」

これまでは、アウトプットにとってのムダを省く（品質を高める）ことが基準にあったわけだ。しかし、今ここにおいては、そもそもアウトプット自体がムダになる可能性がある。どれほど思いを込めて作ったとしても、相手に見向きもされないものを一所懸命作っているだけということになりかねない。

そう、基準が合っていないのだ。問うべきは、「アウトプットが正しくつくれているか」ではなく、「アウトカム（成果）が得られるかどうか」なのだ。アウトカムとは、アウトプットを受け取る相手、顧客やユーザーにとって価値があるかどうかになる。

たとえば、どれほど手の込んだ製品や料理を作ってもらったとしても、きみにとって必要ではない、好みではないものだとしたら、それは価値があるとは言えないよね。正しいアウトプットを生むために必要な行為、標準……それらがアウトカムのほうに焦点を合わせるとムダなものになりかねないということなんだ。

ここで、アウトプットとアウトカムの違いを俯瞰して捉えておこう。アウトプットを生むこと自体は、作り手だけで完結する。しかし、アウトカムの実現はそうはいかない。アウトカムは受け取る側に生まれる（図4－2）。

## 4-2 アウトプットとアウトカム

| | アウトプット | アウトカム |
|---|---|---|
| どのようなものか | 具体的な作成物 | 利用者側に生じる感情や成果 |
| 何が大事になるか | 目的に適した品質を持つこと | 利用者にとって価値や意味があるか |
| どのように確かめるか | 事前のレビュー、テスト | 実際に試してみる 使ってみる |

## 早く試せるよう、価値があると思われる部分を真っ先に実現しよう

では、アウトカムを生み出すには何をするといいだろう。フェーズゲートの説明で挙げた「要件定義」や「設計」を時間をかけて綿密におこなうこと……とはならないよね。そうした活動で得るものは、机上のアウトプットでしかない。仮に、そのアウトプットを相手に見せたところで、「これでアウトカムが得られますか？」と聞いてもね。たぶん相手も「そんなのわからない」って反応になるんじゃないかな。

何がアウトカムになりえるのか、想像するだけでは無理がある。だから、それを確かめるためには「試してもらう」必要がある。実際にアウトプットを見たり、触ったりしてもらう。そうして相手から得られるリアルな反応や評価こそが、アウトカムを理解するための手がかりになる。

To

もちろん、本番さながらのアウトプットを一式揃えると、もう完成品を作るのと変わらなくなる。だから、必要そうなアウトプットのうち、特に相手にとって重要な箇所を特定して、部分的に実現し、試してもらうという作戦になる。実現する方法も、逆に言うと「試す」ことができればいいわけだから、実際に相手が試すところ以外は、人力で補ったり、張りぼてであってもかまわない。むしろ、そうしたほうが早くアウトプットが用意できて、早く試すことができる。

アウトプットを受け取る顧客やユーザーにとって価値があると思われる部分を真っ先に実現することを考えよう。価値ある部分というのは、「これがなければ企画やプロダクトとして成立しない」という範囲のことだ。

たとえば、ユーザーの好みに合わせて、表示するタイムラインを変えるショート動画のSNSを作るとしたら、どこから実現するといいだろう。動画の撮影や投稿機能、ユーザー登録機能は必要なものではあるけれども、価値ある部分として考えているのは「自分の好みにあわせて動画が見れたら楽しい」ということだから、まずそこからだよね。「好み」の部分をどうやって実現するかは課題だけど、最初に作るアウトプットとしては人力でユーザーの「好み」にあたる情報を収集しておいて、それに基づいて動画をチョイスして表示できればいい。すべて最初から作らず、早く試すことを第

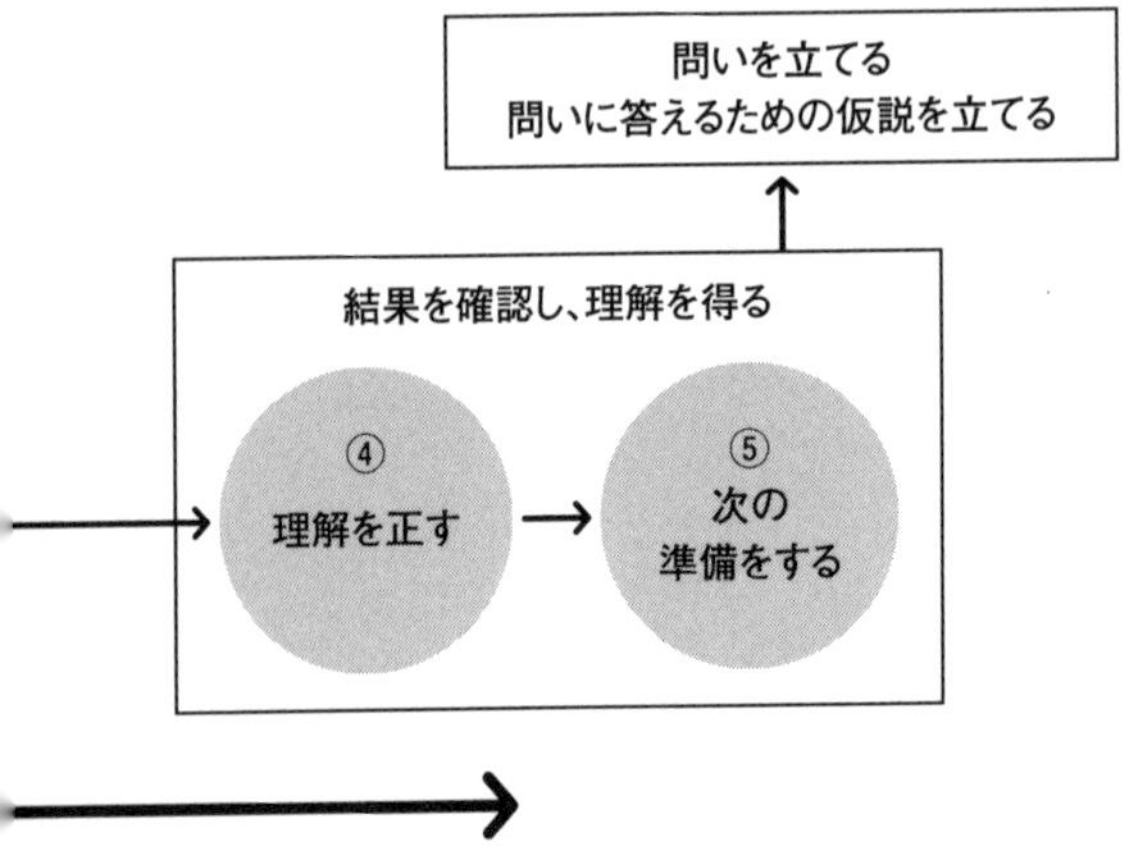

問いを立てる
問いに答えるための仮説を立てる
結果を確認し、理解を得る
④
理解を正す
⑤
次の
準備をする


一に置くんだ。

## 理解を正すまでの時間を短くしよう

なぜ、早く試すことがそんなにも大事なのか？　それは実際に「試す」までの間、自分たちがまちがえている可能性があるからだ。極端な言い方をすると、「やることなすことすべて誤りだった」ということがありえるんだ。反応を得ることで、私たちははじめて自分たちの見方や方向性が誤りであったことを学ぶ。あるいは、より良い方法に気づくことができる。いずれにしても、自分たちの「理解を正す」ということだ。

理解を正すまでの間の時間のことを

## 4-3 ターンアラウンドをできる限り短くできるようにする

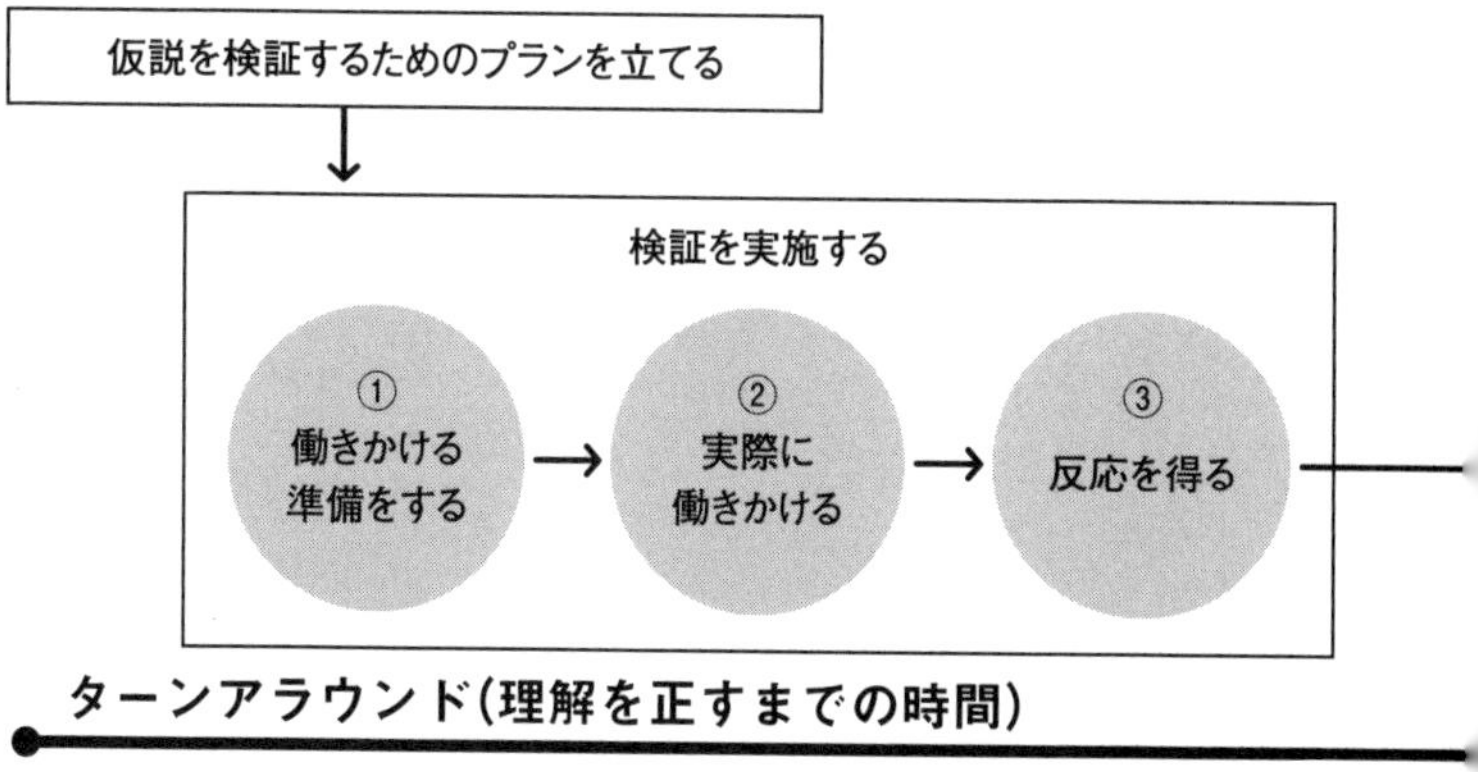
仮説を検証するためのプランを立てる
検証を実施する
① 働きかける準備をする
② 実際に働きかける
③ 反応を得る
ターンアラウンド(理解を正すまでの時間)

「ターンアラウンド」と呼んでいる。ターンアラウンドが長くなればなるほど、理解違いをしている時間が長くなるわけだから、リスクが高まる。ターンアラウンドはできる限り短くなるようにしなければならない。この時間が短くなるように、仕事の進め方をチューニングしよう（図4-3）。

## 目的が完成品としてのアウトプットなのか、アウトカムまで狙うのかを問おう



こうして考えていくと「アウトプット」と表現してきたものはじつは2種類あることがわかる。1つは、完成品としてのアウトプット。これまでの仕事の基準では、それ自体を「作りあげること」が目的の対象となっていたものだ。もう1つは、試すためのアウトプットで、アウトカムにたどりつくための手段となる。

さて、このテーマでのFromとToの間での問題は何だったか。目的とスタンスが合っていないということだ。高い品質を担保した完成品を作るための効率性重視の進め方と、何が正解なのかを学ぶために試すアウトプットを用いた進め方は、まったく別の仕事の方法と言える。

ゆえに、きみがまず最初におこなうべきことは、これから臨む、目の前の仕事では

## 4-4 目的はアウトプットを作り出すことなのか、アウトカムまで狙うことなのか

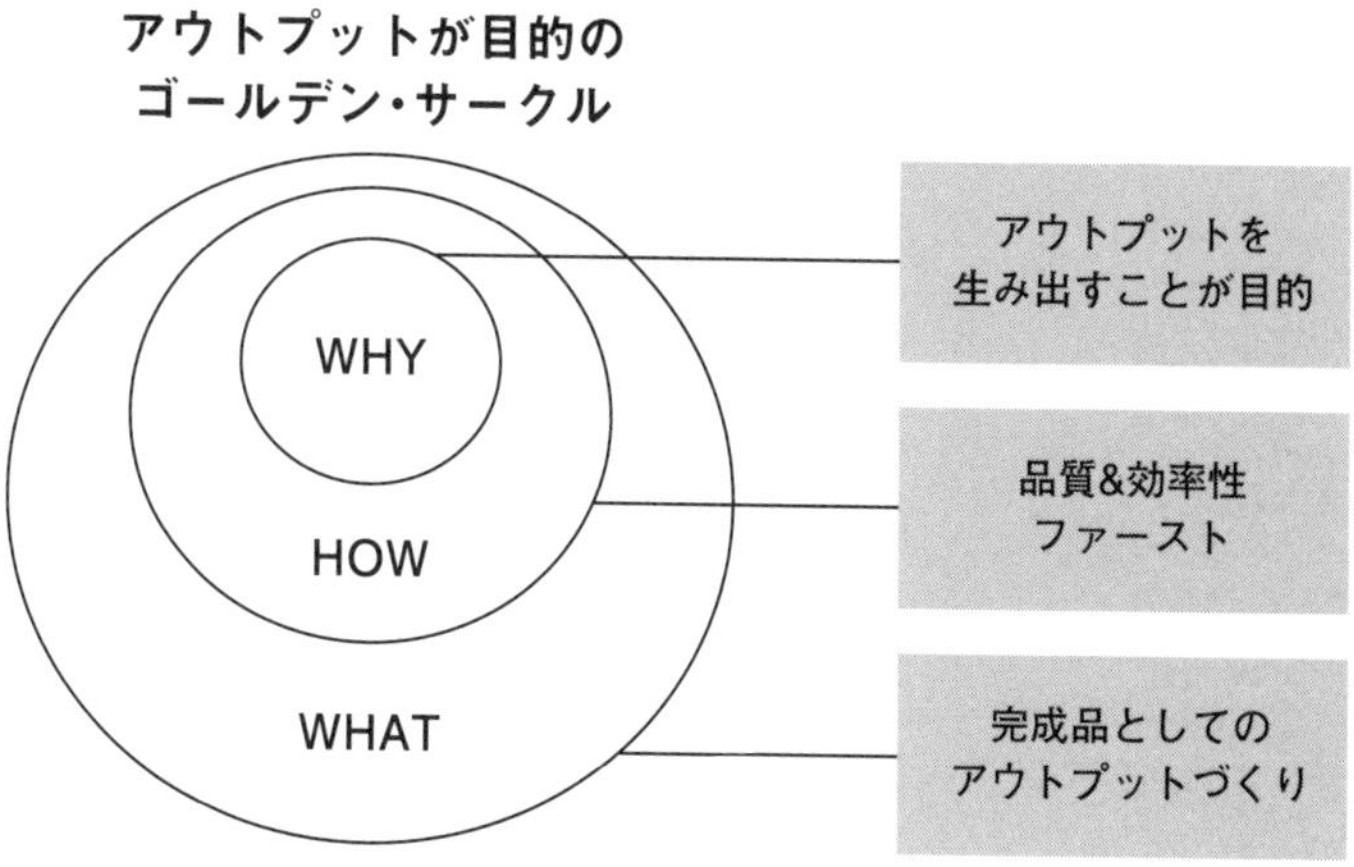
アウトプットが目的の
ゴールデン・サークル
WHY
HOW
WHAT
アウトプットを
生み出すことが目的
品質&効率性
ファースト
完成品としての
アウトプットづくり

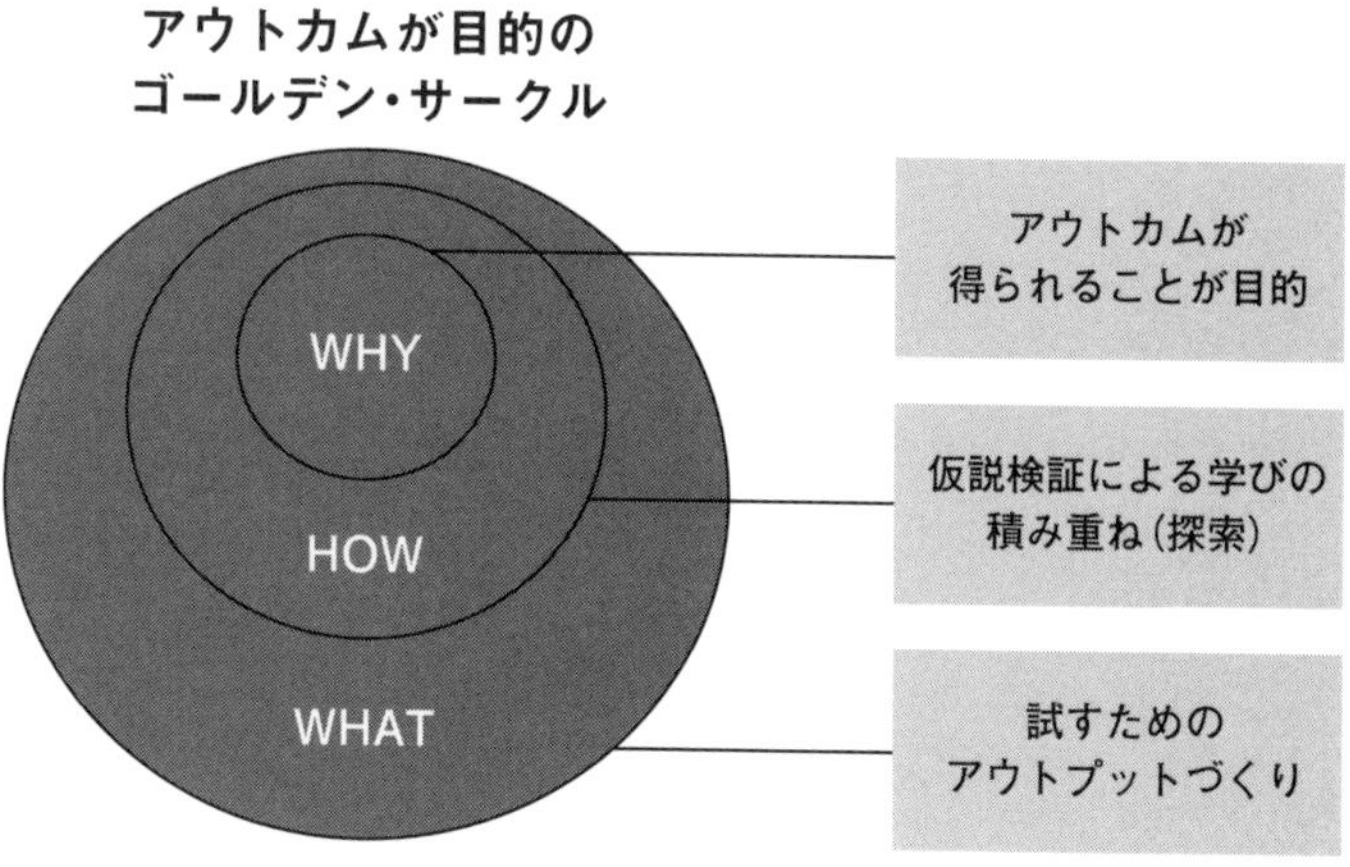
アウトカムが目的の
ゴールデン・サークル
WHY
HOW
WHAT
アウトカムが
得られることが目的
仮説検証による学びの
積み重ね(探索)
試すための
アウトプットづくり

何が目的となるのかを捉えることだ。その目的にあった進め方を選択しよう。目的とその手段を整理するための方法としては、すでに第1章で説明した「ゴールデン・サークル」があったね。ゴールデン・サークルを作るときに、これから取り組む仕事は完成品としてのアウトプットを作り出すことが目的なのか、アウトプット自体は手段でしかなくアウトカムまで狙うことが目的なのかを問おう（図4－4）。

## 振り子のようにアウトプットや品質の考え方を動かしていこう

ここまでアウトカムに焦点を当てる重要性を示してきたけど、とはいえアウトプットを作り出せること、その能力自体の重要性が低くなるわけではない。いくらアウトカムのイメージを持ったところで、具体的に顧客やユーザーが利用できる確かなアウトプットがなければ、価値が生まれることはない。

むしろ、「何が価値なのか？」といった成果が不確かな仕事であるほど、その過程において必要なタスクを1つ1つこなすこと自体は確かでありたい。ここは個人として、あるいはチームとして磨いていきたい点になる。

さらにもう1つ言っておくと、品質がどうでもよくなったというわけでもない。試すためのアウトプットは、それに適した品質であろうということだ。試すアウトプットは、顧客やユーザーが永続的に利用することは前提に置かない。一方、完成品としてのアウトプットで、長期間に渡っての利用が自明な場合は、当然相応の品質が問われることになる。使い物にならないプロダクトを我慢し続けてくれるなんてことはまずありえない。アウトプットも品質の考え方も、重要なのはどちらかに振り切ることではなくて、狙いに応じて振り子のように動けることなんだ。

# 第5章

# マイクロマネジメントから、自律へ

From

## マイクロマネジメントでは、計画の詳細さと呼応するように、細やかな報告が求められる

マネージャーにはどのくらいの頻度で仕事の報告をしているだろう。2週間に1回？ それとも、週に1回だろうか。いやいや、週に2回も3回も実施している？ まさかチームに向き合うよりもマネージャーとの接触回数のほうが多いなんてことにはなっていないだろうね。もし、トラブルを抱えているわけでもないのに、何日かごとに「マネージャーにどのような報告をするべきか」が頭をよぎっているとしたら、マイクロマネジメントによって統制された状況に陥っていそうだ。

マイクロマネジメントの特徴は大きく2つある。

1つは、仕事の最初期において詳細な計画が求められることだ。マイクロマネジメント寄りのマネジャーは、たとえプロジェクトの最初期の段階であっても、「これ以

上、計画を詳細に表現したところで、あまりにも想定に過ぎてしまう」くらい、あるいはそれ以上の内容を期待する。あまりにも細かく計画を書き出さなければならないため、タスクレベルで書き出すと、その計画表は横（日程）よりも縦（やるべきこと）のほうが長くなりかねない。しかし、プロジェクトのテーマの新規性が高いほど、計画の中身のほとんどは想定になる。ゆえに、プロジェクトが少し進むとたちまち想定の当たり外れが表れ、計画の大半は崩れる。目の前の事実に計画表を寄せるとなれば、たちまち「更新地獄」に陥ることになる。計画表の粒度が不必要に詳細であることが仇となり、多くの時間を「計画表の更新」にあてなければならない。

マイクロマネジメントのもう1つの特徴は、計画の詳細さと呼応するように、細やかな報告が求められることだ。計画に対してどのような進み具合となっているかはもちろんのこと、場合によってはチームメンバー個々の稼働状況まで説明が必要となる。さらには、予実の把握だけではなく、チームが選択している方法や手段についての是非まで問われるようになる。

「なぜ、プロジェクト運営に新たにツールを採用する必要があるのか。不必要に時間が奪われるのではないか」

「チームの中の状況把握をするのにチャットで済ませるくらいでは甘いのではないか。進捗報告のフォームを用意するべきではないのか」

こうしたことの説明が、急を要するような局面だけではなく、平時にあっても必要となる。

じつは、方法や手段の是非まで問い詰めるマネージャーというのは、もともと現場経験が豊富で優秀と言われた人物である場合がある。現場の様子が過去の経験に基づきイメージできてしまうからこそ、詳細さを求めてしまうというわけだ。もちろん、優秀な現場経験者でも何でもなく、まったく状況理解への勘所がない管理者ゆえに多大な説明が必要となってしまうケースもありえる。どちらにしても、現場の負担は大きくなる。

## 「予実のズレをなくすことが成果につながる」という世界感がマイクロマネジメントを生む

なぜ、マイクロマネジメントが蔓延ってしまうのだろうか。じつは、このマネジメントスタイルも、「仕事における予実のズレをなくすことが成果につながる」という世界感に基づいている。あらかじめ何をどういう順番で実施していけば、望むところにたどりつけるとわかっているならば、正解ルートからのズレやゆらぎをいかに防ぐかが焦点になる。そのためにおこなうべきことを標準化し、何を守るべきか、何がエラーとなるのか、ルールを決めておくことになる。

それでも人は正解からズレていってしまうところがあるから、まちがいがないように実績を追うことが要となる。頻繁に進捗報告の場を設け、実施内容を確認する。進みについては計画と照らし合わせて、具体については標準やルールに基づくチェックリストと突き合わせてまちがいが起きていないかを確かめる。あとは、頻度の話になる。確認の頻度を高めれば高めるほど、エラーの発生を抑えることができる。

このマネジメントスタイルを最後まで通すことでほぼ確実に望みのゴールまで到達できることを、組織としても勝ち筋として見出しているから、マネージャーに責任と権限を集中させて、マイクロマネジメントをより完璧なものにと仕立ててしまう。マネージャーは、自らの責任を果たすために、チームの一挙手一投足をつかみとり、その動き方についての指示まで与えていくようになる。

こうしたスタイルで前提に置いているのは、「正解ルートが明らかになっている」ということだから、あらかじめ確たる道筋が見いだせないような仕事やプロジェクトにおいては手も足も出ない。たとえば、「顧客にとっての価値とは何か」を模索し、何らかのサービスを企画提供していこうとするときに、立てられる計画など極めてざっくりとしたものにならざるをえない。タスクを想定でどれだけ細かく積み上げたとしても、1日1日進めるたびにタスクの組み立て直しが発生しかねない。そんな中で、計画と照らし合わせをおこなう類いの進捗会議を頻繁におこなったところで、何も解決にはならない。報告の準備と会議に要する時間が嵩むだけだ。

さらに不都合になるのは、先に述べたようなマネージャーへの一極集中のスタンスだ。正解ルートが見いだせないならば、私たちの仕事は探索的になり、判断も行動もよりリアルタイムに寄っていくことになる。いちいち目の前のことを判断するのに、明日や1週間先に時を送っている場合ではない。そんなときに、常に1人の人間（マネージャー）の意思決定を通すような運用をしていて回るはずがない。

そもそも、だれもまだ経験したことがない、あるいはナレッジがまだ薄い領域に踏み込むような仕事の場合、マネージャーだからといって正解を知っているわけではないのだ。マネージャーのこれまでの経験が必ずしも活きるわけでもない。

つまり、マイクロマネジメントを捨てるには1つの質問だけあればいい。

「本当にマネージャーは、この不確実性を乗り越えるすべと経験を持っているのか？」

すでに私たちの仕事は、1人の人間の持てる限られた知見で乗り越えられるほど容易ではなくなっている。

## 唯一の正解がないなら、多様性を許容して「当たり」を引く可能性を高めよう

では、私たちはどのようにこの状況に臨めばいいのだろう。手がかりは、マイクロマネジメントの裏返し、「多様性の許容」にある。唯一の正解がないのだとしたら、目の前の事象や状況に対して、できる限り多様な選択肢を挙げて、「当たり」を引く可能性を高める必要がある。

「当たりくじ（正解になりうる選択）」を混ぜるためにできることは、いかに多種多様なアイデア、仮説を創出できる「チーム」を作れるかになる。そのためには、持っている背景や経験が異なるメンバーを集め、それぞれの解釈が選択肢に反映されるように運営する必要がある（図5－1）。

To

## 5-1 1人の管理者によるマイクロマネジメント vs. 多様性を保ったチームマネジメント

| | 1人の管理者によるマイクロマネジメント | 多様性を保ったチームマネジメント |
|---|---|---|
| だれが担うのか | マネージャー（プロマネ、組織長など） | チーム全員 |
| どのようなときによく用いられるか | 予実のズレをなくすことが成果につながる仕事 | あらかじめ確たる道筋が見いだせないような仕事 |
| 何が大事になるのか | マネージャーの管理が徹底できるヒエラルキー、ルール | 多種多様な経験や考えを持ったメンバーによるチーム |

マイクロマネジメント下では、多様性はむしろ除外したい観点になる。多様な意見が出てきてしまうと、どうしても1つの意思決定に収斂させるのに手間がかかってしまうからだ。マイクロマネージャーに率いられるチームは、いちいち意思決定にゆらぎが生まれないように、考えが揃っているメンバーを集めたほうが効率がいい。

## 順序と時間をマネジメントしよう

「多様性を保つ」ことを前提に置くとして、チームをどのように運営したらいいのだろうか。何しろ多様性があるということは、それぞれ考えが異なり、主張がぶつかりやすくなるということだ。「意見がぶつかっても対話を丁寧におこなって、その都度乗り越えていこう」だけでは、済まない状況がある。不確実性を伴うプロジェクトや仕事は、そもそもの難易度が高く、その場の状況に身を任せるだけではとうてい乗り切れないだろう。多様性を持ったチームが、健全に発散をしながら、それでいてチームとしてのまとまりを得て動くための仕組みが必要となる。

そこで手にしたいのは「順序と時間のマネジメント」だ。

## 「順序」でもって、多種多様な仮説の存在を成り立たせる

そもそも正解が見えていないという前提のもとで取り組むわけなのだから、選択肢(つまりそれは「可能性」とも言い換えられる)をすべて挙げておいて、順に試すよりほかかない。

何から試すかを決める際には議論になるから、チーム内で「順番」だけを合意する。だれかの出した案を「却下」してしまうのではない。あくまで「留保」して、次の番に回す。つまり、チームで最低限合意しておくべきことは「順序そのものの妥当性」ではなく、「最初の試行の後に次の案を試すこと」のほうだ。

ただし、約束は取り交わすものの、選択肢の実施にあたって判断はもう一度おこなう。というのは、最初の試行によって何かしらの発見があれば、選択の基準をアップデートできるからだ。これは、第3章で示した「適応」にほかならない。チームが適応による学びを取り入れない理由などない。最新の理解に基づいて、判断をおこなうことにしよう。

## 「時間」による区切りを設けて、順序の適切さを高めていく

有望そうな仮説がいくつもあったとしても、まずはできる限り絞って検証に取り組

もう。検証にかける時間を短くすることができるからだ。早く検証を終えられれば、その分、自分たちの理解を早く確かにできる。最初の検証から得られた結果を踏まえて、次の検証内容を決めよう。

最初の仮説がやはり的を射ておらず、別の顧客についての検証を考えなければならないという判断は当然ありえる。しかし、それは「失敗だった」のではなく、ある仮説がまちがいだったという「学びを得た」と考えよう。もちろん、解決すべき状況と課題が特定でき、それをどう解決するかのソリューション側の仮説づくりに進めることだってある。最初に想定していた「順序」ではない取り組みをすることも十分にありえる。

つまり、「順序」でもって多種多様な仮説の存在を成り立たせ、「時間」による区切りを設けることでその順序の適切さを高めていこうというわけだ。このように、あえて時間に区切りを入れる考えを「タイムボックス」と呼ぶ。

この時間の区切りは、長さを固定して扱う。2週間とか、1ヶ月といった具合にだ。なぜ、時間間隔を一定に固定するのだろう。たとえば、仮説によって検証の方法は変わることがある。想定顧客へのインタビューをおこなう場合もあれば、プロトタイプを作って検証することもある。だから、ある仮説に取り組む際は2週間、別の仮説の場合は4週間といった具合に変えたほうが現実的だと思うかもしれない。

だが、区切りの時間を可変にすると、そのたびに「適切な長さ」を決める必要が出てくる。この決定がまた難しい。探索的な活動に要するその都度の時間がどの程度であるべきかに答える必要がある。この見積もりの正確性にいちいち悩むくらいならば、おおよその全体プランを見立てたうえで時間間隔（タイムボックス）を決め、その一定の期間ごとに都度やるべきことを決め直していくほうが運用しやすく、現実の状況にも合わせやすい。

何よりも、タイムボックスで運営する意義は、「適応」のタイミングを必ず設けられるところにある。タイムボックスを終えるたびに、そこでの学びを棚卸し、順序の適切さを見直し、チームで次の方向性を決める機会を必ず設けるということだ。こうして「順序と時間のマネジメント」によって、チームが生み出す多様なアイデアや仮説を活用し、状況を進めていくんだ。

## 自ら学び、判断し、協力しあえるチームをつくろう

この動きは「アジャイル」と言える。アジャイルなチームには際立った特徴が見ら

れる。いきいきとして、躍動感があるのだ。粛々と決められたタスクを繰り返し繰り返してただ消化していく、機械的な佇まい……ではない。たとえるなら、1日1日目に見える形で成長し、その背丈をぐんぐん伸ばしていく植物のような。

なぜ、アジャイルなチームにはいきいきさが伴うのだろう。理由が2つあると考えている。

1つは、ここまで述べたように、日々やタイムボックスの繰り返しの中で、チームが常に「学び」を発見するから。学びがチームに新陳代謝をもたらす。今日のチームは昨日のチームに非ず。明日のチームは、きっと今日よりも一歩進んでいる。わからないことだらけだったところから、わかることが少しずつ増え、それを仕事の成果として体感できるものに変えていく。その過程と結果が、チームにまた「自己効力感」(自分たちにはできる)を与えていくことになる。

もう1つは、自律性(セルフコントロール)だ。「順序と時間のマネジメント」をチーム自身がおこなっていくことになると、状況の把握や学びの共有をチーム内でおこなうことが前提となる。チームの中に情報の偏りがあったままでは、合意形成と意思決定を進めることができなくなってしまうからだ。

また、多様なメンバーが集まっていたとしても、それぞれが好き勝手であっては、こうしたチーム活動が円滑にならない。自分たちの仕事によって価値を生み出し、自分たち自身に成長をもたらしていくためには、「協働」が不可欠になる。「協働」と「自律性」は裏表だ。自律的であるために、チームは「協働」を育んでいくことになる。

自ら学び、判断し、協力しあえるチーム。そんなチームにとっては、マイクロマネジメントなんてもはやデスワードだ。

From ▼ To

## これまでの「ふつう」を少しずつ変えてチームの自律性を引き出していこう

自律的に動けるチームは理想であって、だれもがいきなりそこへたどりつけるわけではない。むしろ、マイクロマネジメントに慣れきってしまった集団がアジャイルチームに向かっていくには、相当な道のりが待っているだろう。

もし、きみが「自分自身はアジャイルに動けるのに、ほかのみんなはそれができないから、ダメだ」なんて思うことがあったら、考え直してほしい。アジャイルに動けない人がダメなのではないんだ。それまでの環境とルール、それまでよしとしてきた基準、それまでの「ふつう」が人の動き方を規定してしまっていたんだ。むしろ、それまでの「ふつう」にきちんと収まるように務めてきた結果なんだ。だれかが指示出しをおこない、それに従うことが「ふつう」とされてきた状況からアジャイルに向かうということは、「ふつう」の中身、前提が変わることになる。

たとえば、今まで野球に励んでいたチームが来週からいきなりサッカーチームにはなれないように、ゲームの枠組み自体が変わってしまうことに等しい。きみが人よりもアジャイルな動き方ができるようだったら、ほかのみんながついていけるように、しっかり準備運動をチームでおこなってほしい。ここでいう準備運動とは、この本に書いていることをみんなで理解する時間を設けたり、これまでの「ふつう」との違いが何かを確認しあってみるということだ。

やがて「順序と時間のマネジメント」をチームで始めていくことになる。最初は、タイムボックスを終えてもろくにアウトプットも学びもなくて、がっかりするかもしれない。いきなりスーパープレーができるチームなんて存在しないように、最初はそんなものだ。みんな下手くそから始まる。

だから、まずはじめることとは「ふりかえり」なんだ。タイムボックスを終えるたびにふりかえりをおこなって、自分たちのプレーがうまくいくように、改善点を必ず挙げるようにしよう。タイムボックスの繰り返しによって、少しずつ仕事の結果を積み上げていくように、チームも少しずつその成長を得ていく。やがて、「自分たちにもできた、できる」という感覚がチームの自律性を引き出していくことになる。

## 「ファイブフィンガー」「ベロシティ&リードタイム」「ワクドキ感」でチームの状態を理解しよう

ここで、チームが自律的に動けるようになっていくために1つ伝えておきたいことがある。それは、自分たち自身のことを知るために「指標」を設けることだ。マイクロマネージャーが「ここがダメだ」「あれができていない」とチームの外からやいやいのと言ってくれることはない。チーム自身で、自分たちの状態を常に把握しておく必要がある。

さて、どんな指標を設けて、運用していくといいだろうか。第3章では、「バックログ」をまずゼロからイチに持っていこうと話した。このバックログの状態を見ることも、チームの状態を自己理解するための1つの指標になるが、ほかにも示しておこう。「ファイブフィンガー」、「ベロシティ&リードタイム」、「ワクドキ感」の3つだ。

### ファイブフィンガー

「なんだかチームの雰囲気が良くないな」と思ったら、ファイブフィンガーを取ってみればいい。順序づけや意思決定について何となく合意したようになっているけど、何かくすぶっていそうなら、かんたんな質問を用意し、ファイブフィンガーを取る。ファイブフィンガーは、とってもかんたんにチームの状態を測ることができる。かんたんにできるから、頻繁におこなえる。

ファイブフィンガーはリアルタイムに状態を可視化する手段のため、チームのインジケーター（計器）に近い。かんたんに記録を取っておくと、前回との差分も取れるようになり、よりチームの状態の良し悪しを検知することができるようになる。

**【ファイブフィンガーの例：このままチームとしてうまく機能していけそうか？】**

①まったくダメそう
②このままではダメ
③まあまあ
④けっこういける
⑤まったく問題なし！

## ベロシティ＆リードタイム

ベロシティは、タイムボックスごとにどのくらいバックログを完了できるか、その

## 5-2 ベロシティとリードタイム

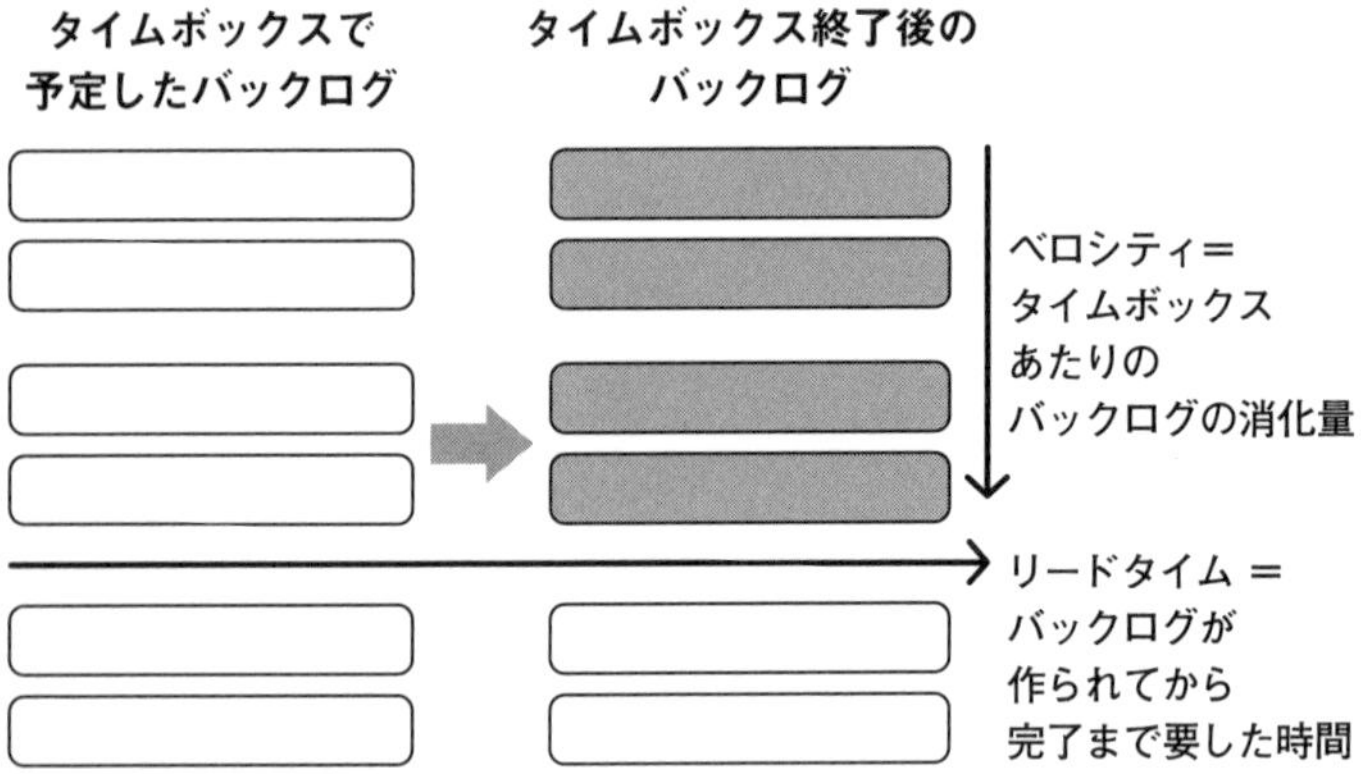
タイムボックスで
予定したバックログ
タイムボックス終了後の
バックログ
ベロシティ＝
タイムボックス
あたりの
バックログの消化量
リードタイム ＝
バックログが
作られてから
完了まで要した時間

ボリュームを把握する目安になる。タイムボックスを終えるたびに、完了できたバックログの数を計測し、いくつかのタイムボックス分で平均値を取って、チームの力量をわかるようにしておく。たとえば、あるタイムボックスでベロシティが基準を下回った場合、さらにそれが数回続いた場合、チームに異変が起きている可能性がある。どこに問題があるのかを、ふりかえりのテーマとして扱おう。ベロシティは、チームが自分たち自身の状態に気づくための物差しとして扱う。

　リードタイムは、バックログ1つ1つの完了に要した時間のことだ。おおむねバックログの平均リードタイムを算出できていると、取り組みに時間がかかり過ぎているかどうかの判断ができる（図5－2）。

## ワクドキ感

最後に、ワクドキ感の確認だ。これにはファイブフィンガーを利用する。チームが状況に慣れてくると、だんだんファイブフィンガー3（ふつう）が増えてくる。

「まあこんなもんかな、とっても良いわけではないが悪いわけでもない」

そんな感覚だ。

このファイブフィンガー3という状態は、一見問題がなさそうに見える。ところが、この「ふつう」が続いていくと、チームのいきいきさが徐々に失われていくことがある。チームの新陳代謝が停滞していくのだ。新たな学びを得られないままであり、成長もそれほどない。そんな状態では、何をやっても想定内で、できて当然。自己効力感にもだんだん陰りが出てくる。

ファイブフィンガー3問題を回避するために、みんなでこの問いに向き合ってほしい。

「あと1つ上げるには何が必要か?」

ファイブフィンガーを1つ上げようと考え始めると、自ずと「挑戦」がチームには必要になる。いままでやったことないことや、まだうまくやれていないことなど、できていないこと、知らないことに目を向けることになる。

それは、チームに再び「下手くそ」な状態を与えるということだ。「はじめてのことで想定どおりいかないかもしれない」というドキドキ感や、「達成できたらもっとチームが良くなる」というワクワク感が、チームに次の前進をもたらすはずだ。

第6章

# 1人の知識から、みんなの知識へ

From

# 仕事のやり方がアップデートされてない

「組織として新たな挑戦を始めなければならない」

こうした掛け声を社内で聞くことは珍しくないだろう。きみも、新たなプロジェクトの立ち上げに関わることがこれから数多くあるはずだ。組織が持ちうる技術や知識をフル活用して、価値につながる事業やサービスを模索していく。ところが実際には、「知を残し、活かす仕組み」というのは多くの企業において死んでしまっているのではないか。

たとえば、サービス企画の新しいプロジェクトの最初の会合（キックオフ）で、プランニングの共有としていきなり表計算ツールで事細かくタスクが定義された長大なスケジュールが出てくるようであれば、時が止まっているというよりほかない。組織の新しい可能性を模索する探索的なプロジェクトを進めるにあたって、あらゆるタスクを事前に洗いきれるものとして綿密に書き出し、昔ながらの〝工程〟を設けて、工場のベルトコンベアの流れの如く仕事を扱おうとするのはナンセンスだ。マネジメントスタイルがまったく合っていない。

## どこにナレッジがあるかわからない

こうした組織ナレッジの問題は、その中身（WHAT）だけに限らない。ナレッジがどこにあるのか？　場所（WHERE）にまつわる問題も伴う。

組織の中には、方法・技術などのほかに、業界や業務領域に関する知識、またそれに関連した商品・商材に関するノウハウも存在しており、それらすべてをナレッジとして見るべきだ。つまり、ナレッジそのものは組織の至るところに遍在していると言える。それだけに、組織の規模が大きくなると、どこにどのようなナレッジがあるのか、わからなくなってしまう。

ひと昔前より、私たちが扱うナレッジの種類や量が格段に増えてしまったために、ノウハウ（know how）をどれだけ有しているかよりも、ノウフー（know who）つまりだれが何にくわしいかを知っておくことが大事という考えが生まれた。困ったときには達者な人に頼り、状況を解決するというものだ。要は社内の人脈ネットワークが構築できているかということになるが、これを個人芸に委ねてしまうとそれまでだ。組織的な強さに接続していかない。

組織的な能力として担保するには、タレントマネジメントのシステムを用いて、社内の人材、スキルのデータ化を進めようということになる。しかし、人こそ状態が変わりやすく、そのデータの鮮度を保つのに労力を伴う。単にデータ管理を人力に委ね、規則で縛るだけでは、形骸化しやすい。

## ナレッジが形式知として残されていない

組織ナレッジの問題について、WHAT、WHEREに続いてもう1つ2つ挙げておこう。

きみがサービスの企画のためにある業界や顧客についての情報を得たいと思い、それを持つ可能性がある部署や人物を探し回ったとする。仮に、運良くその業界とつながりのある部署と出会えたとして、きみが期待する情報を得られるかは五分五分かもしれない。ナレッジの管理がほぼなされておらず、そもそも「形式知」として残されていないという状態がよくあるからだ。共有可能なものは、社内の報告会資料などで内容の粒度が粗く、活用したいレベルに達していない（ナレッジの残し方、HOWの問題）。

その形式知を作った人物の頭の中にあるナレッジを語ってもらうことで、ナレッジをものにしようと当然考えるのだが、うまく時間がさけずに時間がかかったり、口頭頼みでは情報が粗かったりと、思いどおりにならないのはよくあること。さらに、目当ての人物がすでに組織を去っている場合などは、徒労に終わってしまう（WHOの問題）。

形式知化があまりにも不足していると、ナレッジは人にしか宿らず、暗黙知の存在が大きく膨らむ。そうした状態は、個人への依存が強く、組織のナレッジ管理としては安定性に欠けることになる。

## 効率性ファーストだと共同化の機会が限られたものになってしまう

私たちは、自分たちのナレッジをどのように扱えばいいのだろうか。SECIモデルを用いて考えてみよう（図6－1）。これは、野中郁次郎氏が提唱した知識マネジメントのためのフレームワークだ。知識創造のプロセスとしてたどっていく、共同化（Socialization）、表出化（Externalization）、連結化（Combination）、内面化（Internalization）それぞれ頭文字を取って、SECI（セキ）モデルと呼ばれる。

SECIモデルで言うと、形式知が限られる、あるいは組織内で散逸していると、「内面化」が発展しない。現場や職場では、ほぼ暗黙知に頼って仕事を回していかないといけない。ゆえに、SECIモデルで言う「共同化」が極めて重要で、現場実践の時間をともにすることでナレッジの移転・共有を私たちは進めてきた。

日本の組織では、いにしえより現場での「協働」を重視してきた。仕事に必要な膨大な暗黙知を漸次的に取り入れていけるように、「一体感」に重きを置き、乗り越えてきたのだと想像する。「背中を見て覚える」という職人気質の考え方がいまだ現場によって漂っているのは、精神性に基づくだけではない。むしろ、ナレッジを共有し

## 6−1 SECIモデル

出典『知識創造企業』（野中郁次郎、竹内弘高 著／梅本勝博 訳／東洋経済新報社 刊）

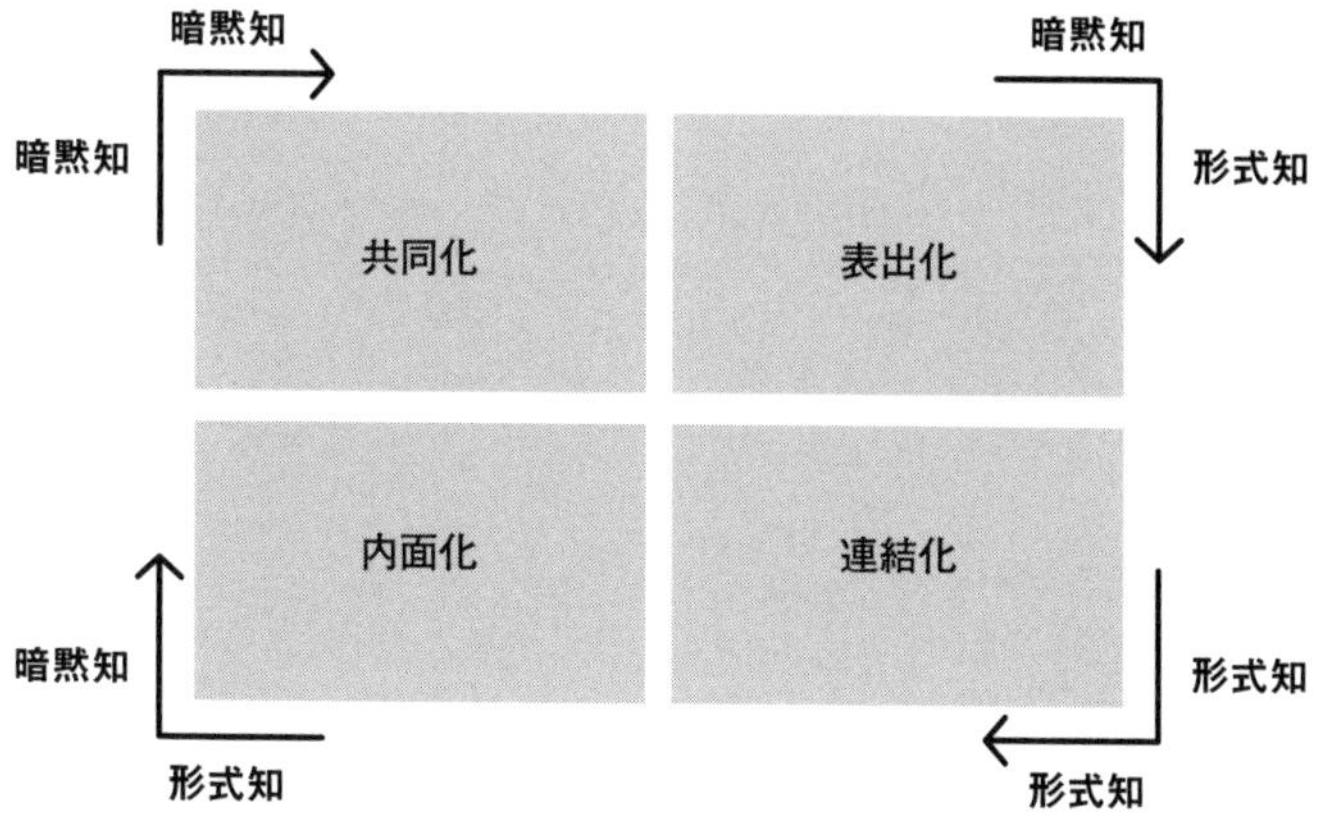
暗黙知
暗黙知
暗黙知
形式知
共同化
表出化
内面化
連結化
暗黙知
形式知
形式知
形式知

たくてもそのためのすべがない、形式知化が進んでおらず移転コストが高くなってしまう、だからこそ「一緒にやって覚えてもらう」が選択されてきているのであろう。

ところが、共同化は、効率性ファーストの観点からすると、槍玉にあがりやすい。要は「時間を共にする」ことだから、コミュニケーションの時間が長すぎて、ムダが大きいというわけだ。こうして、できる限り個々のそれぞれの手元で仕事が進められることが奨励され、暗黙知の移転すら進みにくい状況を作り出し、ナレッジは個々人の中に埋没していくことになる。

人材の流動性が高まった現代において

は、この状況は組織にとってリスクでしかない。そのことに気づいた組織から、改めて形式知化を促す動きを取り始める。しかし、単にデータやファイルの置き場所を所定の位置に作ったり、ナレッジを溜め込むための管理ツールを用意するだけでは、まず進まない。形式化に向けた動きのメリットが個々人にとっては薄く、手間がただ単に増えるだけだからだ。ある程度ナレッジが目に見えて蓄積されていかなければ、この手の動きは最初の掛け声だけで終わることが多い。

今後、組織にとって未踏となる領域やテーマに取り組む局面が増えていくのは明らかだ。そうした中で、教育は部門、現場で最適化、あるいは個々人任せというだけでは危うい。そもそも、組織としての意義が現れてこない。わざわざ人が寄り集まり、組織を形作ることの意義とは何か。それは、組織であれば1人ではなしえないことができる、その可能性があるからこそではないだろうか。

きみ自身がこの問題にどう向き合っていくのか、何から始められるのか考えてみよう。

結論を言うと、ナレッジに向き合う要点は2つだ。1つは、SECIモデルを高速に回すこと、もう1つはナレッジの回転を逆円錐状に広げていくことだ（図6-2）。

## 1人SECIモデルを回そう

SECIモデルをチームや組織で回していくには相応の労力が必要になる。形式知化に向けてチームや組織を巻き込み、同意を得て、一緒に動いていく。さらに、連結化や内面化の機会を設けて、何らか運用に乗せていくことになる。こうした動きを何もないところから、集団で取っていくのはかなりハードルが高い。思いどおりにいかない状況は、きみの心を容易に折ってしまうことだろう。

この回転に周囲を巻き込んでいくためには、乗ってきてもらうための足がかり、つまり最初の形式知やナレッジ蓄積のリズムが必要になる。ゆえに、このSECIモデルをまず自分1人で回すことから始めるのだ。1人で始めるだけであれば、ずいぶんハードルが下がる。

また、1人であれば回転も速い（あとで述べるように1週間から2週間で回すイメージを持つ）。やはり、このモデルの周回に時間がかかればかかるほど、徐々に目の前の仕事のほうに心が奪われていってしまう。1人で回すにも、まず迅速に1周させるスタンスで臨む。1周すれば最初のアウトプットが生まれ、それを手がかりに次の仕事での適用や改善がすぐに始められることになる。こうしたテンポの良さが、自分自身の動機づけにもなる。

## 「ものわかり」でナレッジを表出化する

1人SECIモデルでも、「表出化」が起点になる。表出化のために「ものわかり」という活動をおこなおう。「ものわかり」の手順を示そう（図6-3）。

「ものわかり」の対象は、それまでにおこなったこと、仕事の準備や取り組み方、周囲とのコミュニケーションの取り方、あらゆる過去の行為が学びの対象の対象となる。

まずは、1人ふりかえりとして、次の問いに向き合おう。

## 6-2 ナレッジに向き合う2つの要点

### (1)1人SECIモデルを回す(高速回転)

### (2)逆円錐状に学びの回転を広げる

## 6-3　ものわかり

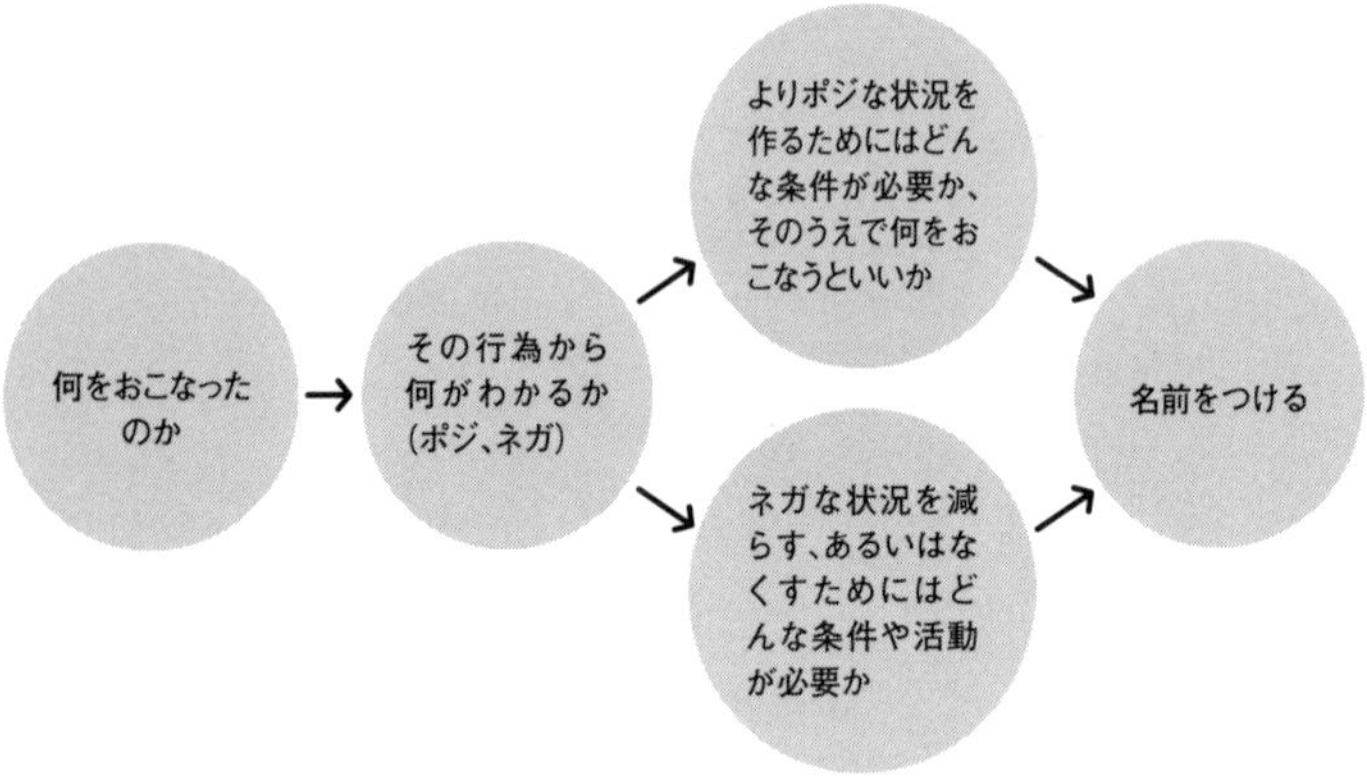
何をおこなったのか
その行為から何がわかるか（ポジ、ネガ）
よりポジな状況を作るためにはどんな条件が必要か、そのうえで何をおこなうといいか
ネガな状況を減らす、あるいはなくすためにはどんな条件や活動が必要か
名前をつける

・「何をおこなったのか？」
・「その行為から何がわかるか？（ポジティブなこと、ネガティブなこと両方を挙げる）」

自分の行為の中でポジでもネガでも、ナレッジが見つかる可能性がある。

そうしたら、これまであったことを「ただそのままに再現する」という視点を越えて、ポジな出来事がより顕著に、強く現れるためにはどんな状況を整えて、どう取り組めばいいかを考えてみよう。逆にネガな出来事は、「ネガ度合いを減らすためには？」もっと言うと「ネガそのものが起きないようにするためには?」といった視点で、より望ましい工夫や習慣を見いだしたい。以下のような問いに取り組もう。

「よりポジな状況を作るためにはどんな条件が必要か、そのうえで何をおこなうといいか?」

「ネガな状況を減らす、あるいはなくすためには、どんな条件や活動が必要か?」

こうした問いで練ったうえで、まとめた工夫や改善策について「名前づけ」をしよう。先に解説した「むきなおり」は、方向性を意図的に変えるという営みを表現した名前づけと言える。「いい感じにする何か」に名前を与えることで、日々の中で取り組みやほかの人との共有がしやすくなる。

最初に考える工夫や改善策は、仮説に近いところもあるだろう。だからこそ、次のタイムボックスで実際に「試す」という行為を決めておく。この行為を繰り返していくことで、徐々に自分の中で〝ナレッジ〟と呼べるような型、行為のパターンを見いだすことができるようになる。

SECIモデルの最初の1周でいきなり確かなナレッジを見いだそうとすると、かえって挫折感を招くだろう。形式知と呼べるものが大して取り出せない、なんてことは普通にありえる。

まずもって、どういうことがポジな状態で、どんなネガな出来事があったのか、そこを自覚することから始めよう。そうした自分が暗黙的に感じていることを言葉で表現していくことで、どういう行為に良さがあり、何が課題なのかがわかるようになる。ナレッジとは、そうした繰り返したい「良き習慣」を招くための工夫であり、解けていなかった課題を解決するために編みだす技なのだ。

## アウトプットを次の「ものわかり」でインプットとして扱い、連結化を試みる

さて、「ものわかり」を繰り返す中で、まとまった工夫や断片的な気づきなど、粒度さまざまな情報が手元に残っていくだろう。そうしたアウトプットを次の「ものわかり」でインプットとして扱い、「連結化」を試みる。「ポジ（ネガ）な状況をより顕著に得る（減らす）ためには？」を考える際に、これまでの「ものわかり」で得た内容と結びつけることで、新たなナレッジが得られないかを探ってみる。

たとえば、本書で紹介している「ものわかり」自体が、「ふりかえり」をもとに、

より学びを得るために考案したナレッジだ。さらに、その効果を高めるために「むきなおり」からヒントを得た。具体的には、「ものわかり」でより有効なナレッジを得るためには「差分」が要になると考えた。つまり、平坦な日常の記録からだけでは、魅力あるナレッジが導きにくい。「よりポジな状況とは何か?」と目指したい状態をやや高めに設定することで、現状との差分に開きが生まれる。その分、工夫が求められるが、実現できれば効果が高くなる。

## タイムボックスで「ものわかり」を回していく

「ものわかり」も、ふりかえりやむきなおりと同様に、タイムボックスの中の活動と置くと取り組みやすくなる。タイムボックスで「ものわかり」を回していくことで、1週間か2週間に一度学びを棚卸しする機会を得ることになる。つまり、タイムボックスを重ねるほどに、ナレッジが生み出されていく。

タイムボックスに乗せることで、仕事と学習のサイクルが一致することになり、「ナレッジのために明らかに手間を増やす」という感覚を下げる一助になる。こうしたハードルを下げる工夫が継続性へとつながる。

## 逆円錐状に学びの回転を広げよう

SECIを回すイメージと経験が得られたら、次の段階はチーム、あるいは部署でSECIモデルを回すことだ。

### 互いのフィードバックをあげる時間を設ける

やはりチームでふりかえりを実施し、表出化からおこなう。用いる問いは1人ふりかえりと同様だが、複数人で向き合うことになるから、当然互いの言語化に対してフィードバックを寄せ合えるようになる。1人ではどうしても越えにくい「ほかの視点からの気づき」を、チームでならば得られる可能性が高まる。1つ1つの問いに対するそれぞれの回答について、互いのフィードバックをあげる時間を設けることとしよう。

### ふりかえりの結果からナレッジをまとめる役割はチーム内で回す

連結化も、1人からは大きく変わる。連結する対象、寄せ合う過去の経験や知見、すでに持っているナレッジなどが大幅に広がる。連結対象が広がれば、当然、掛け合わせが増えるため、1人ではたどりつきようのないナレッジを作り出せることも期待できる。

チーム全員がナレッジについての扱いに素人だと、うまくいっている感じが得られず、継続しなくなる。だからこそ、まず1人でナレッジづくりを回転させた経験が必要になる。きっとこの本を読んでいるきみの経験が頼りとなり、原動力になるはずだ。

ただ、最初はともかくとして、ふりかえりの結果からナレッジをまとめる役割については、チーム内で回すようにしてほしい。だれか1人で背負っていくと、まず継続し難い。チーム内で分担を回していくことで、ナレッジづくりの負担を減らしたい。

## ハンガーフライトで組織を越えてナレッジを寄せ合う

そうしてチームでナレッジづくりが回せるようになったら、今度はチームの外、組織へと広げていこう。チームに閉じることなく、部署などの組織を越えて、ナレッジを寄せ合う機会と場を作る。

このような寄り合いを「ハンガーフライト」と呼ぶ。その由来は、かつてまだ空を飛ぶということが未知の体験だった時代にまで遡る。いにしえの飛行機乗りたちはと

## 6-4 ハンガーフライトの手順

**事前　テーマを決めて、発表者を募る**

① 順次、自分の「経験」を語る

② 付箋を使って、あるいはホワイトボードツール上で、経験を聞いて思うことを挙げる
- 自分にとっての新たな発見
- 経験がより良いものとなるようなアイデア
- 感想、励ましなど

③ 全員の経験語りが終わったところで、反応が多かったものを対象にグループを作る

④ グループごとに感想戦をおこなう（②で挙げた内容を共有してさらに深堀りする）

⑤ 最後に、各自が得られた学びを言語化して共有する

きおり格納庫（ハンガー）に集まり、それぞれの空での経験を語り合い、お互いのナレッジとしたという。この学びの習慣を現代の組織にも適用しようというのが「ハンガーフライト」の狙いだ。その手順をかんたんに示しておこう（図6－4）。

これは、SECIモデルで言う「内面化」にあたる。他者の生み出した形式知を受け取り、自分の中で咀嚼し、実行可能なように整えていく。そして、もちろん自分なりの実践へとつなげる。実践は、その成否に関わらず、新たな暗黙知を生み出すことになる。自分の中に生まれる、自分だけのナレッジ。それを他者と共有しあえるように、個人でもチームでもふ

りかえりをおこない、そしてまた「ハンガーフライト」へと持ち込む。

1人から始めたナレッジづくりは、こうして組織でスパイラル（逆円錐）に回していくイメージとなる。継続的にハンガーフライトを実施するには、組織を越えた求心力が欲しいところだ。組織のナレッジづくりを1人2人の働きに頼りきっていては、ナレッジづくり自体が暗黙知になったままになる。組織構造を越えた「社内コミュニティ」を立ち上げよう。

コミュニティの中では、中心となって動く運営メンバーを決めよう。運営として担う必要があるのは1ヶ月から3ヶ月に1回のペースで、ハンガーフライトでだれに発表してもらうかを企画し、そこで生み出されたナレッジを散逸しないようにまとめていくことだ。おそらく有志の活動となるだろうから、運営はできれば定期的に交代していこう。運営業がだれかに集中することになると、また継続を難しくする要因になってしまう。ナレッジづくりにおける要は、継続の阻害要因を徹底的になくすことだ。活動がある限り、ナレッジの鮮度は保たれることになる。

## 協働によって創発を生み出そう

さて、最後に「共同化」への向き合い方についても言及しておこう。共同化、つまり共通の体験を経ることによって、私たちは行為を通じた暗黙知の移転を果たすことができる。SECIモデルにおけるこの箇所こそ、アジャイルそのものだと言える。アジャイルとは、チームや組織で「協働」を機能させるための営み方であり、あり方にあたる。

アジャイルの象徴的な習慣に「ペアプログラミング」「モブプログラミング」がある。1つの仕事にわざわざ2人がかりで挑むのがペアプログラミング、3人以上で取り組むのがモブプログラミングだ。効率への最適化が念頭にある組織では、こうした取り組み方はもってのほかのことだろう。1人でもできそうなことに複数人であたるのだから。

だが、ペアやモブの目的は、アウトプットの生産性ではない。その過程において、いかに「創発」を生み出すかだ。お互いの知見を持ち寄り、一緒になって作り出すアウトプットを、1秒1秒のリアルタイムな時の刻みの中でどれだけ良くしていけるか。ペアやモブだからこそ生み出せる質がそこにはある。こうした1人では到達できない可能性とは、時間の短い長いで測れるものではない。「協働」が生みだす価値にあたる。

「協働」とは、協力して事にあたり、問題やギャップを乗り越える、その最中で生み出される学びを分かち合う活動にほかならない。From と To の変化に焦点を当てて、これからどんな仕事の進め方、考え方が必要になるのかをここまで説いてきたのは、ひとえに組織に「協働」を取り戻してもらいたいがためなんだ。

# 形式知のかたちを見いだしておこう

From ▼ To

この章で見たように、すべてのナレッジを形式知にすることはできないが、形式知にはSECIモデルを回すにあたって暗黙知を呼び込むための手がかりとなる役割があり、欠かすことができない。どのようにして形式知を残していくか次第で、次の暗黙知を生み出せるかも大きく左右されることになる。

特に、チームや組織でナレッジづくりを進めていくにあたっては、この形式知の残し方がばらばらであっては扱いづらくなってしまう。ゆえに、形式知のかたち（フォーム）をあらかじめ見いだしておくようにしたい。これも、まずは1人SECIモデルの中で模索し、磨いていくといい。フォームの一例を示しておこう（図6－5）。

## 6-5 形式知のかたち(フォーム)の一例

**ナレッジ名**

- 要約(ナレッジの概要をひと言で説明)
- 状況(ナレッジの適用対象となる状況)
- 問題(状況下で発生する問題の内容)
- 制約(解決策を選択するうえで考慮すること・制約事項)
- 解決策(ナレッジの適用方法について解説)
- 留意点(適用するうえでの留意点や注意点)
- 効果(ナレッジを活用した時に期待される効果)
- 利用例(具体的な利用例を示す)
- 関連するナレッジ
- 参考文献(リンクできるスライドやガイド、資料などがあれば記載)

ナレッジとは、そもそも仕事を果たすための工夫であり、やりたいことが実現できるようになるための具体的な手立てと言える。ゆえに、ナレッジを表すためには、いつ(状況)、どこで(状況)、何に対して(問題)、どのように(解決策)適用できるのかが、簡潔にかつ要点を踏まえて示されている必要がある。

そして、いかなる状況にも適用できる万能な解決策などないように、どのような制約が存在するかをあわせて語っておく必要がある。ナレッジを取り込む側で、自身の文脈に適した活用を留意しなければならない。

## ナレッジ自体のふりかえりをおこなうようにしよう

これだけの項目であっても、しっかりと残していくには手間がかかる。ゆえに、ふりかえり、ものわかりという流れをタイムボックスの中に埋め込み、チームや組織の習慣に仕立てることを目指そう。また、ナレッジには手入れが必要になる。一度整理したナレッジも、実際に運用していく中でより効果的にするために、中身のアップデートが欠かせない。試してみたもののそれほど有効性が得られない場合は、ナレッジ自体をアーカイブする（目に触れないようしまう）こともある。

チームや組織の環境そのものが時間とともに進んでいくことを考えれば、過去のナレッジが常に通用し続けられる保証もない。陳腐化してしまったナレッジを誤用してしまっては、本末転倒だ。一度作って終わりではなく、やはり一定の期間を経てナレッジ自体のふりかえりをおこなうようにしよう。ナレッジがまるで売れないまま倉庫に死蔵してしまった製品在庫のようにならないよう、棚卸しをする。まさに在庫の棚卸しをおこなうように、半年に一度は評価したほうがいいだろう。その際に見るべきは、どれだけナレッジが実際に活用されたかどうかだ。

# 第7章

# 縄張りから、越境へ

From

## チームや部署を越えたコミュニケーションに良くなる兆しがない

隣のチームや部署が何をしているのかわからない。日々何をしているか？　なんて細かい話ではない。そのチームの狙いとか主要な活動といった概要レベルでも怪しい。せいぜい、期初の段階で共有された、「〇〇チーム」を説明するためのひと言ふた言の情報で止まっている。

そんな状態は今に始まったことではない。最初は小さく、意思疎通の取りやすかった組織でも、人数の規模が2桁の後半に達し始めたところで、この状態に陥り始める。いわんや大人数で運営されている伝統的な組織においては、いにしえより続く光景だ。

では、リモートワークが導入され、オフィスのデジタル移行が進んだ段階ではどうなったか。隣のチームどころか、チーム内のほかのメンバーの様子すらわからなくなるという新たな問題に直面したチームも少なくないはずだ。

私たちが手にするツールは、以前に比べて進んでいる。状況はリアルタイムに把握でき、必要なときにはいつでもどこからでも対話できるようになり、効率性を高められたところがある。ところが、チーム内はまだしも、チームや部署を越えたコミュニケーションにより良くなる兆しはない。依然強固なサイロ（縦割り）化した組織構造が、相変わらず「隣のチーム・部署」をさながら未開拓の地としている。

サイロ化は、「自分やチーム・部署の仕事とは何か」を明確に分ける。自分の仕事という意識は、「仕事の領域を守る」「自分の仕事を守る」という動きにつながる。いわゆる「縄張り」というわけだ。

## 1on1やチャットでも乗り越えられない

縦割りが強固な組織では、1on1のような対話コミュニケーションの働きかけは必要不可欠だ。1on1によって、組織内のさまざまな関係線をつなぐ。現場内、チームメンバー同士でもおこなうし、メンバーが上長やマネージャーとの間の線を確かにするためにも運用される。あるいは部署を越えて、飛び地同士でも組織内に今何が起きているのか、理解を得るためにおこないもする。

しかし、それゆえに、ややもすると手に負えない状態にもなる。コミュニケーション不全を1on1頼みにすると、予定表があっという間に1on1で埋め尽くされていく。1日の大半を1on1に費やしているという事態が起こる。では、定期化するのをやめて、必要性を感じたときに線をつなぎ直そうとすればいいかというと、今度は1on1自体が開かれなくなってしまう。

1対1のコミュニケーションラインを維持していくコストが見合わないなら、チャットをうまく活用できないかと考えるのは当然のことだ。1on1ではどうしても同じ情報を異なる相手に何度も繰り返し伝えなければならない場合が出てくる。情報流通の抜け漏れを、双方向の関係性と同報性で乗り越えていくのがチャットの特徴だ。

ところが、またチャットでも乗り越えられない壁を迎えることになる。かんたんにだれとでも関係線を張ることはできるが、実際には組織上の分断と同様の境目がチャット上に現れることになる。要は、ほかの部署との重なりがないため、そこを飛び越える手段が結局、1対1のコミュニケーションか、必要に応じて都度作るグループチャットになる。今度は、チャットのリストが多種多様に並んで荒ぶり始める。どこで何を話すべきか、どこで何を話していたか、まともに運用なんてできないくらい煩雑になっていく。

もちろん、このままではまずい。

## 越境の2つの意味

組織構造はこれまでの組織の営みそのものを最適化するために選択されてきたかたちだから、ある一面だけを捉えて、ガラガラポンと変えられるわけではない。構造を一気に広範囲に変えられないとしたら、現状の上で突破口を作っていかなければならない。

たとえば、きみが新たなサービスの企画を作り、その実現に向けて複数の部署に動いてもらう必要がある場合。あるいは、これまでの組織にはなかったケイパビリティ、新たな仕事の進め方や技術、方法（たとえばアジャイルやデザイン思考など）を全社に広げていくことを狙うような場合。既存の組織構造を越えて、組織内の協力と巻き込みを得ていく必要が出てくる。えてして、既存の枠組みを越えるような取り組みに

To

## 7-1 場スペースとしての越境、メンタリティとしての越境

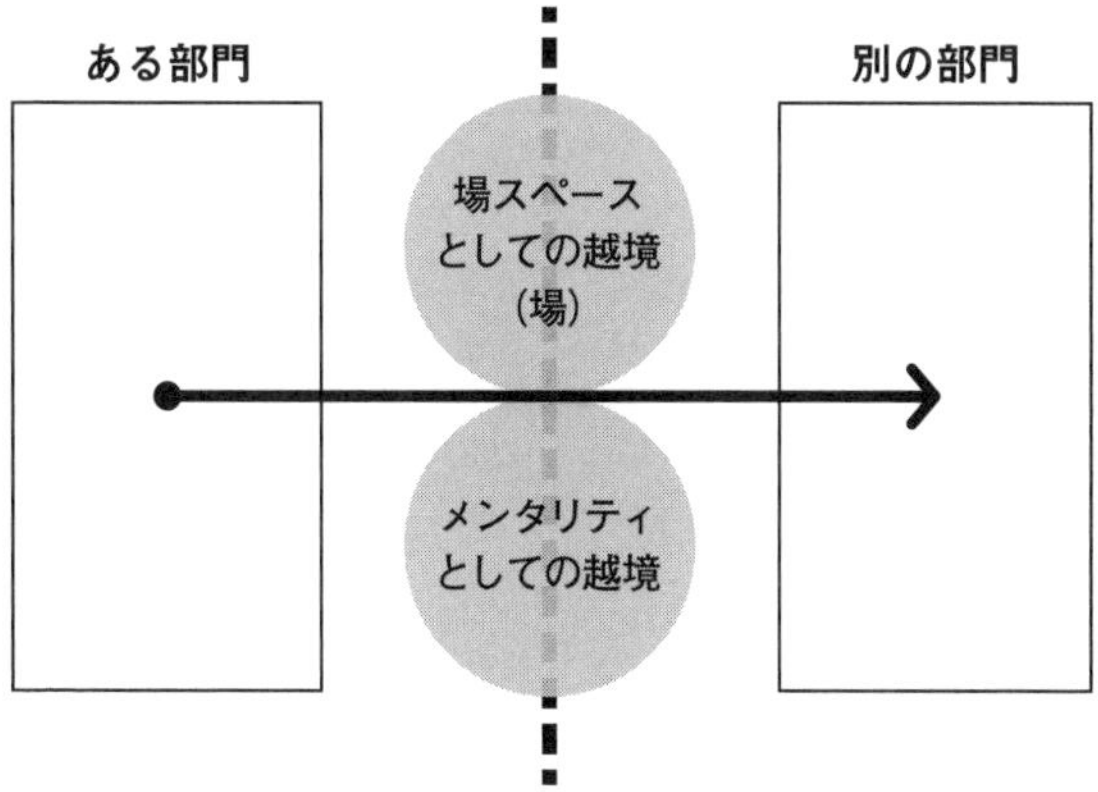


は、多くの人が消極的で、受け身だろう（なにしろ、目の前に自分たちの仕事がうんとある）。

そんな中で、求められるのは「場」だ。組織を越えて、参画を促し、互いの協働を引き出す、力ある「場」だ。現状の組織構造に依らない「場」を新たに作り出そうと動き、働きかけること、それがこの本で言う「越境」だ。第6章で示したハンガーフライトは、参加者それぞれが意志をもって集まる、自発的な場だ。ここで言う「越境による場」は、だれかが越境することではじめて生まれる場にあたる。

越境には2つの意味がある。

1つは、述べたとおり組織間の境界に

人が集い、それぞれの力が引き出される「場」を作り、促すこと。1on1と違い、多対多の「場」になる。また、テキストチャットでは得られない、深くインタラクティブな対話が期待できる。

もう1つは、そうした「場」を作ることや参画するにあたって直面する、これまでの「常識」や「通常ではという基準」を乗り越えることだ（図7－1）。

越境はかんたんではない。心理的なハードルを感じるだろう。だからこそ、越境に段階を設けよう。具体的には3つの段階がある。「1人から始める越境」、「チームでの越境」、そして「組織の越境」だ。それぞれ、目指すところが異なる。

## 1人から始める越境

まずは、これまでの組織で取り組まれてこなかったこと、「初の試み」について、自分1人で始める。サービスの企画で言えば、必要なプロセスや技術を学ぶ、あるいは仕事の方法としてアジャイルやデザイン思考について実際に試してみる。

言わずもがなハードルの高いことに、なぜたった1人で挑まなければならないのか。最初からだれかを巻き込んだほうが、きっと助けになるし、次にもつながりやすいはずと思うかもしれない。1人から始めるのには2つの理由がある。1つは、「1人だからこそ失敗できる」ということ。もう1つは「1人のうちに得ておくことがある」ということだ。この段階を経ておかなければ、次の「チームの越境」で困難に直面した際、突破する力がなく、行き詰まる可能性が出てくる。

## 1人だからこそ失敗できる

組織としての「初」への試みに対して、何から始めればいいのか、取り組み自体が正しくできているのかどうか、思うようにいかない局面に直面した場合どうしたらいいのか、いちいち躓きを得るはずだ。こうした躓きにきちんと躓いていくことが、体得に近づく一歩一歩となる。

その際には、「失敗したらどうしよう」といった憂いは何の足しにもならない。盛大に躓いて、転んで、そこから次どう動くかに考えを巡らそう。こうした試行錯誤に他者を巻き込むと、失敗しにくくなる。1人であれば、人知れずいくらでも失敗ができる。人を巻き込むのは、経験を自分に精一杯詰め込んだ後でいい。

たとえば、アジャイルに取り組む際には、まずは1人で「ふりかえり」「むきなおり」から始めよう（どちらも第3章で示した活動だね）。

「チームを巻き込んでおいて実のある時間にならなかったらどうしよう」
「特に学びのあるアウトプットが得られなかったらどうしよう」
「だれかが不満を発して、二度とふりかえり、むきなおりができなくなったら」

未知への不安は、足踏みを誘う。だからこそ、まず1人でふりかえり、むきなおりとはどういうものか実験し、経験を積んでおく。

## 1人のうちに得ておくことがある

もう1つの狙いである「1人のうちに得ておくこと」とは何か。それは、未知なるものに向き合うための勇気だ。勇気とは、精神論だけで手繰り寄せられるものではない。勇気とは、あくまで自分の中に「頼り」を作ることで醸成される。何も頼りなく、とにかくえいやで挑むのは、勇気とは呼べない、それは無謀というものだ。細やかでもいい、自分を信じる拠り所となる挑戦の「経験」を自分の中に得ておくこと。「越境する」ということ自体の経験を自分の中に宿しておく。それが、次の「越境」を支えることになる。

そう、1人からチームへ。

## チームでの越境

ここからが山場になる。サービスの企画開発でも、何らかの組織施策を進める場合でも、まとまった成果を挙げていくためには相応のプロジェクトとして組織横断の取り組みになることだろう。組織を越えた「協働」を形成することは容易ではない。むしろ、敵視から始まることもある。先に述べたように、「自分たちの仕事を守る、邪魔されないようにする」といった防衛反応もあれば、強い理由はないが「やんわりとリジェクト（拒絶）」というスタンスもありえる。だれもが変わりたいと思っているわけではないのだ。「新しい取り組みなんて、厄介事の入口でしかない」と、口に出されなくても感じ取れるところがあるだろう。

そうした部署、チームを相手に回して、きっときみはうんざりするだろう。どうして、いつも反対されて物事が進まなかったり、あるいは協力を得るにも相当な苦労を強いられなければならないのか。何をするにしても抵抗ばかり味わっていると、闇落ちしたくなるのも無理はない。相手を呪いたくなる気持ちは十分に理解できる。

だが、そんなことで自分の意志を諦めてはならない。組織としての「初」となることへのきみの意志がそこで潰えてしまったら、組織が同様の挑戦を立ち上げるのには、数年以上の時を要することになるだろう。組織として「止める」と一度決めてしまったことを再び立ち上げ直すには、最初以上の理由、狙い、成功への道標を求められることになる。きみが組織のすべてを背負う必要はない。しかし、ともにある同僚や仲間たちとより良くあろうとすることはかんたんに諦めないでほしい。

では、どのように越境するか。ほかの部署やチームの塩対応から相手を否定するのではなく、相手の言葉や反応から「何に基づいて動いているのか」に目を向けよう。「効率への最適化」の下、すべての部署・チームが何らかの「せざるをえない」を背負っている。部署、チームとしての成果を評価してもらうために、社内の規定や部門ルールに基づいて行動しているのであって、そこには本来嫌悪や悪意があるわけではない。利用するツールにしても、仕事のベースとなる業務プロセスやチェック・レビュー機能についても、望んでそう決めているのではなく、これまでの習わしに依るものだ。そうした営みについて、相手の拒絶にこちらもただ拒絶で対抗するのでは、越境は実現しない。踏み込む相手の世界を知ることに努める。そのためには、対話を重ねるよりほかかない。

まずは相手のFrom（どこから来て今に至るのか）を知り、そのうえで互いが背負えるTo（ありたい状況、望ましい成果）を見いだそう。こちらが考えるToだけを相手にぶつけても、きっと響かない。必ず、FromとToを踏まえて、その間にあるギャップをつかみにいこう。

そもそも相手も、本当はToに行きたいはずなのだ。だが、FromからToに行くには乗り越えていかなければならない課題、障壁が存在する。そのことを無視して、一方的に理想を語ったところで、どうにもならない。アジャイルやデザイン思考がいかにToになりえるとしても、相手の部署が取り組むには今現在の仕事の進め方との間に開きがありすぎて、どういう一歩を踏み出せばいいのかわからないということは大いにある。あるいは、一歩二歩踏み出していくことで、それがどれほどのリスクを背負うことになるのかもわからず、躊躇を生み出すかもしれない。

Fromを踏まえるならば、Toに向かうにあたって存在するリスクに向き合おう。アジャイルに取り組むことで、これまで期待できていた成果にたどりつかないかもしれない。リスクをどうヘッジするか。それこそタイムボックスごとに、自分たちの状態と成果について評価をおこない、このままの取り組みの先に希望が見いだせないならば、アジャイルの度合いを下げて、計画づくりを取り入れる。態勢を立て直し、その先で再びアジャイルへのトライをはかろう。

新たな可能性を切り開くためには、課題もリスクもともに背負うしかない。一緒に目指すべきところを描き、そこに向かうための算段をともにする。道中に遭遇する障害に一方だけが苦労するのではなく、ともに取り組む課題として臨む。そこでこそ、1人から始めた「ふりかえり」「むきなおり」が活きることになる。

ふりかえりで共通の課題を発見し、そのために必要な打ち手を講じる。むきなおりで、お互いに目指す目標を常に捉えながら、今やるべきことを合わせるようにする。

チームでの越境とは、きみのチームへの越境であり、きみとほかの部署、チームとによる越境でもあるんだ。ともに考え、ともに越えよう。

## 組織の越境

組織にとっての「初」を乗り越えていく先には、あくまで未知のことしか存在しない。新規事業の創出や、そのための新たな組織の立ち上げなど、それまでの組織のケイパビリティではとうてい乗り越えられないところにまで至る。

ここで、あくまで自前でどうにかする「自前主義」に絡み取られたままでは、組織としてのその先の可能性は乏しい。これまでのケイパビリティからかけ離れた技術が必要となると、自前で揃えるのに相当な時間とコストを費やすことになる。

ここにきて、1人から始まり、チームへと至った「越境」は、組織すらも越えていくことを迫られる。どちらの組織が儲けるのか、勝った負けたの自社本位のゼロサム・ゲームから、ともに乗り越える組織同士の越境へ。

そんなときに必要になるのは、互いの協働を支えるための仕組みにほかならない。異なる組織同士で、取り組む目標を共通にし、なおかつ必ずしも想定しえない課題に取り組んでいくためには、ここまで触れてきたアジャイルな動き方がその支えとなる。同じ組織の中の協働を引き出すための取り組みは、異なる組織同士でも活きることになる。

どこまで越えていっても、挑戦を支えるのは最初にあった越境への「勇気」（経験）だ。乗り越えるたびに強くなっていく勇気も、最初の拠り所がなければ育ちようがない。まずは1人から、始めよう。

From
▼
To

## 接点を作り続け、対話を進めていこう

チームでの越境、組織の越境、いずれも相手との対話を重ねることが、相互理解へとつながっていく。しかし、対話を重ねていくためにも、相応の労力を強いられることになる。最初はともかく、あてもなく対話を進めていくことは、徐々に焦りや諦めを生み、心理的なハードルともなるだろう。何を手がかりに対話を進めていけばいいのだろうか。

まず第一に、相手への「関心」を持つこと。越境するほどに、きみは多様な考えや困りごと、人そのものに出会っていくことになる。関心とは、未知なるものに触れたときに、自ずと湧き上がってくるものだ。関心を持つ対象を見つけるのに困ることはきっとない。目と耳を開き、向き先を自分にではなく相手に向けることから始めよう。

ただ、関心は放っておくと、時とともに薄れていってしまう。向き合うことが減っていくと、他意もなく関心が消える、というよりは、日々の忙しさの中で生じるその他の優先事項によって、注意が奪われていくと言ったほうがいいかもしれない。

だから、他者との接点を作り、なおかつ維持しよう。「単純接触効果」という名で知られるように、人は最初こそ興味がなくても、接する回数を増やしていくことで、やがて興味を持つようになる特徴がある。

ここでも、第5章で説明したタイムボックスが活きることになる。タイムボックスこそ、定期的な接触が約束された仕組みなのだ。時間と場所を共有する機会を必ず設け、それを繰り返していくことで、自ずと関心が維持される。チームでの越境でも、組織の越境でも、ともに越えていく相手とまず最初にタイムボックスを決めよう。そうして、みんなの旅も始まることになる。

# 終章

# 思考停止から、行動へ

From

## 「自分として」考えることも、動くこともない

「会社としては、その判断はできない」

組織マネージャーに仕事のうえでいくつかのアイデアを出し、試してみてはどうかと提案したとき、もしそんな返事が返ってきたら、きみはどう思うだろうか。相手が何の迷いもなく示す反応に、それ以上掘り下げることは難しいと思うに違いない。「それは仕方のないことだ」と、いったんその反応を受け入れる。だが、段々と気になり始めるのは「会社として」という主語だ。では、「あなた自身として」は本来どのような判断がありえるのか。

きみが気になって、「あなたとしては、どんなことを思うのですか」と聞く。彼は

少し言葉を詰まらせた後に、「自分として」はアイデアを試すのがいいと思うが、会社としてそれはできない、とほぼ同じように繰り返す。要するに、「自分として」考えることも、動くことも、ないということだった。

もし、こんな具合が組織の中、至るところに無自覚に存在するとしたら、2つの意味で重症だ。1つは、この調子で過去の判断基準にのみ照らすのであれば、これまでやったことがないことを始める機会はほぼなくなるから。もう1つは、仕事における意思決定をはたしてだれがおこなっているのかわからない（じつはだれも判断していない？）からだ。目の前にいる組織マネージャーは、まちがいなく自分の判断をしていない。ならば、どこか別の場所にいる顔も見えない上司の判断なのだろうか。いや、彼自身が裁量を持って仕事にあたっているのだ、上への忖度などではない。判断を促すのは、組織の中にのみ存在する「通念」のようなものだ。つまり、特定の人に依るものではない。

恐ろしく厄介な話だ。明確に言語化されていない認識、それが組織の1人1人に宿り、運用されている。何の疑いもなく用いられるその判断は、組織の中における「常識」と呼ばれるものだ。

## 思考停止から無関心、他責、面従腹背につながっていく

ここまで扱ってきたように、これまでの組織の拠り所になってきたのは「効率性」であり、それを突き詰めるための「最適化」だった。組織の中で強固な「常識」にまで固められた効率重視の方針と最適化は、まず思考停止を生み、そして無関心、他責、面従腹背へと連鎖する。

### 思考停止

過度な最適化によって「何が正しいのか」を問い直すことがなくなってしまうと、これまでの判断基準や眼の前のことがすべてになってしまう。結果として、「自分で考える」という機会を失っていくことになる。

何が起きているのか?
さらにこの先で何が起こりうるのか?
それは本当に自分たちの望むことなのか?

組織として、自分たち自身の状況を客観的に見ることができなくなってしまう。組織の中で強固に塗り固めてきた「あたりまえ」は、その組織を一歩出るや否や、即座に通用しなくなる。

それでも、自分たちの「正しさ」が揺らぐことはない。ビジネスとしての結果が現実的に振るわなくなったとしても、責任は外側（チーム、部署、会社の外側）へと押し出されることだろう。思考停止の怖さとは、「考えていない」という以上に「目に入っているものさえ見えなくなってしまう」ところにある。

## 無関心

効率をファーストに置くと、「あらゆることが最短距離でなければならない」という力学が働くことになる。仕事のゴールにいかに最短距離でたどりつけるか。ゴールがよくわからないなんてことはもってのほか。とにかくゴールを決めたていにして、そこに向けてのスケジュールを敷き詰めていかなければ、仕事をしていることにならない。

最短距離が前提となると、コミュニケーションの多くはムダの対象となる。チームや部署を越えてまでコミュニケーションを取っていこうとはならないし、むしろチームの中でさえ互いへの関心が希薄になっていく。

そもそも、他人に注意を向ける余裕がない。自分の目の前のことがすべてになってしまう。いかに自分の仕事が最短でゴールインできるかに関心の焦点が当てられる。そうなると、他人や他チームとの絡みは仕事の進捗にプラスに働かない「余計な時間」とみなされやすくなる。その流れはやがて、自分の外に対する態度を「排他的」にする。そして、それが「平常」となっていく。

もう1つ厄介な状態は、表立っては排他的というわけではないのに、結果的にまったく協力的ではないという関係性だ。一見コミュニケーションが可能なように見えて、その実は他との関わりをやんわりとリジェクトし、減衰させていく。結局、他と進んで絡む気はなく、波風が立たない程度で状況を始末する。かえって問題とまで呼べる状況にはならないものだから、改善しようということにもならない。

**他責**

そうした他者との関係が分断した状況では、当然相手の状況がわからなくなっていく。何をしているか、何を目的としたチーム、部署なのかわからなくなる。わからなさは、さらに互いの関係を無関係なものにしていく。同じ組織の中にいるにも関わらず、もはや組織の外と変わらない関係になっていく。

そんな関係性なのだ、仕事のうえでうまくいかないことが起きでもしたら、たちまち攻撃的になる。自分たちの進捗が脅かされそうになればクレームを上げ、影響が現実のものとなればその非は相手に向けられる。

探索的な取り組みやプロジェクトが増えれば増えるほど、仕事の進め方はこれからより複雑性を増していくことになる。他者との協力は不可欠にもなっていく。そうした状況下で、これまで同様の排他的なコミュニケーションを取っているようでは、まずうまくいかない。

「もっとコミュニケーションの時間を取っていれば、ほかの部署やチームも、何をいつまでにやればいいいかと仕事の理解が進んでいたかもしれない」

そうした後の祭りをすべて「相手側」の責任、過失へと仕立てる。

自分たちの正当性が説明できれば、自分たちの成果を守ることができるような気がしてしまうのだ。「私たちは仕事をした、うまくいかなかったのは相手の部署の責任だ」と。
もちろん、そんなことをしていても、組織総体としての意味ある成果にはならない。結局、目ぼしい成果が出せない組織へとなっていってしまう。

## 面従腹背

相手が一方的に責任を求めるなら、自分たちも自分たちの仕事を守る。「やられたらやり返せ」あるいは「やられてなくてもやり返せ」というスタンスが組織内で育まれていくことになる。ますますもって、チームや部署を越えたコミュニケーションがやりにくくなる。やんわりとしたリジェクトどころか、敢然とした拒絶、排斥に近い態度を取るところも現れる。

そのまま現場同士で話し合っても協力が得られないのは目に見えているから、今度はコミュニケーションが水平（部署同士）から上下（上司部下）へと移っていく。相手に動いてもらうために、「上から話を通しにいく」というやつだ。

上から落とされる要請となれば、さすがに拒絶することはできない。だが、あくまで最優先事項は「最初に立てた計画どおりにする」ことだから、余計な仕事を増やすわけにはいかない。たとえ、上から下された話だったとしても、すべてを受け入れていくわけにはいかない。

だから、面従腹背が横行することになる。表では受け止めているが、その実は動いていない。「本当に動いているのか?」と確かめられると、のらりくらりとかわしていく。あくまでも優先は自分たちの手元の成果だ。時間をかけて、かわし続けていれば、そのうちかけられる声も弱くなっていく。そうなればしめたものだ。

こうした面従腹背は、何も自分たちの組織内に留まらない。この傾向が強まっていくと、外部の組織との間でも酷い二面性を作るのがあたりまえになってしまう。それは、場合によって顧客を相手にする際でも起きえてしまう。そうなれば、もはや何のために仕事をしているのかわからなくなる。この本末転倒な構図に気づけていないことに、この病の深刻さがある。

思考停止から無関心、他責、面従腹背。そんな組織が、はたしてこの先も生き残っていけるだろうか?　この問いこそ、考えるまでもない。

では、この流れを変えるためには、私たちはどうあるといいのだろうか。最後の手がかりを得ることにしよう。

To

## 関心、チーム、リスペクト、越境でダークサイドを変えていこう

「無関心、他責、面従腹背、思考停止」を変えていく手がかりも、これらのダークサイドと同じように4つ挙げることにしよう。それは、「関心、チーム、リスペクト、越境」だ。

### 関心

そもそも無関心で成り立つ集団など、組織のていを取っている意義がない。まずもって、組織の中に関心を取り戻していきたい。

関心を取り戻すための手がかりについては、第7章ですでに触れている。他者との「接点」が定期的に得られるよう、「タイムボックス」を用いてコミュニケーションの

仕組み化を進めようと述べた。

そもそも相手についての情報がなければ、関心も芽生えようがない。

だれが、何のために、何をしているのか。

そこで何を重視し、どこに課題があるのか。

そうした状況を知ることからまずは始めたい。具体的には、チームでも部署であっても「ふりかえり」から始めることを勧めたい。無関心さが勝る集団においては、たいていの場合、互いに共通で理解できる領域、つまり「コンテキスト」が存在してない。話し合うための背景や文脈がない状態からスタートする。そうした何もないところから、いきなりビジョンを語ろうだとか、ミッションは何だとか言い始めても、噛み合いようがない。まず、互いを理解するためのベースを作ろう。

ふりかえりがいいのは、「課題」について話し合えるからだ。共通の目標や目的が弱かったり、あるいはなかったとしても、その集まりにおける「課題」については個々で挙げることができる。課題のない組織など存在しない。

もちろん、挙げる内容も最初は「チームの課題」ではなく「自分の課題」になっているだろう（自分自身のことしかわかっていないのだから）。まずはそこから始めよう。課題の間には共通性を見いだせることがある。たとえば、分断されているチームはたいてい、どんな状況であっても「1人で乗り越える」ということになりやすい。だれかに助力を求めたくても、できないままでいる。同じチーム・部署にいながらにして、だれが何をしているか、またたれがどこまでできるかわからないからだ。こうした課題は、おそらくチームや部署で共通になっている。

困っているけども、それを言いだす機会がそもそもない。話してみると、同じような課題を抱えていた。

そんなことがいかに多いことか。そう、課題であれば、互いにわかりあえるところが出てくるんだ。

ふりかえりで「共通の課題」が見いだされたならば、それをチームや部署で解決していく方向へと持っていく。もちろん、課題もかんたんには解消されないだろうから、試行錯誤を始めることになる。となると、チーム・部署で今何に取り組んでいて、その次は何をトライするのか、といった会話を定期的におこなう必要が出てくる。だからこそ、「タイムボックス」の中でふりかえりをおこなうようにするのだ。ふりかえりを定期的におこなうことを「約束」するわけだ。関心を育むための流れになる。

## チーム

ただひたすらタイムボックスを回しているだけでは、いつまで経っても互いの活動の交わりは生まれにくい。部署やプロジェクトの中でそれぞれの目の前にある仕事は、互いの存在がなくても成り立つように分けられ、組まれているはずだ。たとえば、マーケティングの部署であれば、その中で広告運用、コンテンツマーケ、SNS運用、ウェビナー企画運営といった具合で分けられ、それぞれが目標を掲げ、持ち場を持っているような状況だ。それぞれの目標が内容的に被っていたとしても、互いに交わることなく、淡々と数字を追っていく。そうした中で、ただひたすらに互いのやっていることを共有するだけでは、一定以上に関心が高まることはない。

だから、より強力なコンテキストを作る段階へ進んでいかなければならない。それは、ともに目指すもの、共通のミッションを描くということだ。具体的には、第1章で示した「ゴールデン・サークル」を部署内やプロジェクトで話し合おう。

## ゴールデン・サークル

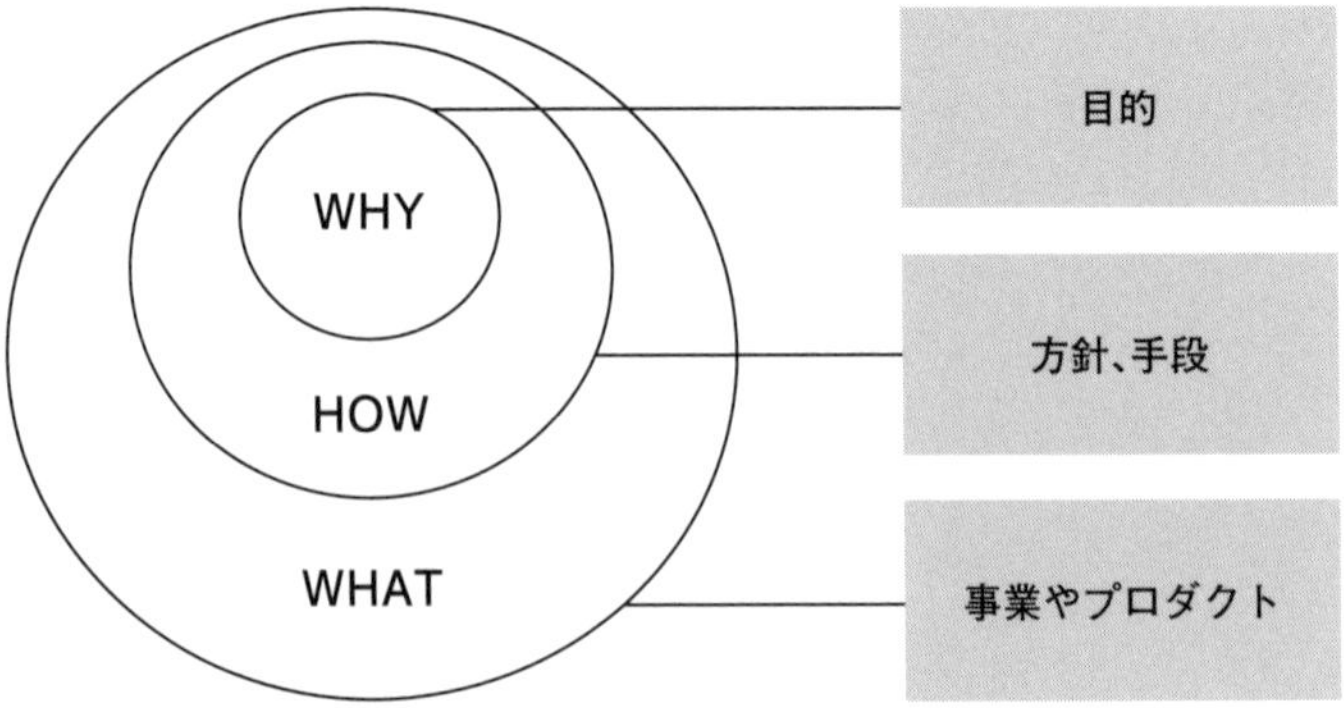


物事を考える、組み立てるうえではWHYからはじめる
その実現のためのHOWを講じ、そして具体的なWHATに取り組む

ここで要となるのは、From－Toのうち、どこへ向かうかという「To」のほうになる。そもそも自分たちが実現したいこと、状態とはどういうことなのか。「われわれはなぜここにいるのか」という問いに向き合おう。それぞれが思い描く「To」をまずは積み上げていくという始め方でもかまわない。最初は個別それぞれの「To」の寄せ集めであっても、それらが吐き出され可視化されるからこそ、重なりを見つけ、ともに背負える「To」にたどりつくことができるのだ。

先の例で言えば、広告もコンテンツマーケもSNSも、何のためにおこなっているのかを問うと、おそらく最初に返ってくるのは目の前に追っているKPIしかないだろう。そこから、それぞれが挙げる「数字」のその先でどういう状態を作りたいのか、問いを掘り下げていく。それぞれの手元ではなく、その手の先で何を得たいのかに目を向けるようにしたい。

表面的な目標ではなく、芯にあたる目的を発掘し直すための手がかりは、自分たちの仕事で「だれを喜ばせたいのか」「だれにどんな価値を届けたいのか」を考えることにある。仕事が存在する価値とは、その仕事を受け取る相手、つまりユーザーや顧客といった相手に基づくものだ。「だれのための仕事なのか」を掘り下げていくことで、どこかで互いの目的を重ね合わせられるところが出てくる。言わずもがな、私たちの仕事は「だれかに喜んでもらいたい」という根っこでつながっているからだ。

こうした本来の目的に基づき、コンテキストを共有できる集まりのことを「チーム」と呼ぶんだ。そう、建前や呼び名上のチームではなく、本質的な「チーム」となっていくことを私たちは目指していこう。「チーム」であれば、目的のために役割分担や課題解決をともにできるようになれる。

**リスペクト**

「チーム」がより機能していくためには、そして「チーム」の外のほかの組織とうまく噛み合っていくためには、欠かせないマインドがある。それが互いへの「リスペクト」だ。相手の仕事を小さく、軽く扱っているうちは、まず相容れることはできない。相手との関係性を排他で最小限にするのではなく、相手の仕事ひいてはその背景にある考えや思いに気を配り、尊重する。

こちらの状況や考え、思いを無視して、「これは必要なことだから」と正論のボール（タスクや依頼事項）だけを投げつけてくるような相手、願い下げだよね。欲しいのは一方的な「正論」ではなく、互いの「理解」だ。

相手には相手の目的があり、それを果たすための優先順位がある。仕事を進めたく働きかけているこちら側の取り組みを妨害したいわけでも、敵対したいわけでもない。仕事には「これまでの流れ」だってある。やり方や優先順位を変えたくても変えられない事情が存在することもある。そうした相手にある「今ここにまで至った道のり」（背景）を理解する。何もすべてを受け入れられなくてもいい。ただ「理解」することが要だ。

もちろん、仕事の速度や達成したいクオリティなどで、相手にどうしても動いてもらいたいことが出てくることがあるだろう。「これまで」のことを尊重はするが、いつまでも手つかずにできるわけでもない。やはり、改善ややり方の変更が必要になる。そこで取り組むのは、「ともに考える」ということだ。具体的には、チームや部署を越えたところでもふりかえりをおこなう。決して、あれやれこれやれと一方的に求めるだけではうまくいかない。ここでも、まず「課題を共通にする」ことからだ。共通の課題を一緒に背負っていくならば、きっと協力し合えるところが見いだせるはずだ。

チームや部署を越える場合は、まず「橋を架け渡す」こと。相手の存在を認め、理解することに努める。そのために、相手のこれまでの仕事についてはリスペクトをもって臨むことだ。

## 越境

何もないところから「ふりかえり」を始めたり、チームとは言えない集まりでゴールデン・サークルを書いてみようと、チームや部署といった組織の境界を乗り越えていくためには、強い気持ちが必要になるだろう。いずれの行動を取るにも、自分の中にある「これまでの流れ」を乗り越えていく姿勢がなければ、具体的な一歩をいつまで経っても踏むことはできない。この姿勢のことを「越境」と言ったね。

越えるのは、組織の境界だけではない、組織がこれまで置いてきた前提や常識も対象になる。そうしたものに向きあうには、自ずと自分の中にある心理的なハードルや思い込みを相手にしなければならなくなる。それは、決してかんたんなことではないだろう。最後に、越境するきみに向けた言葉を送りたい。

From
▼
To

## 経験とは行動を起こした人にのみ与えられる報酬

このままの先に、どんな未来が描けるのか。もし、延長線上を走っていったとしても未来がうまく描けないのであれば、向かう先を変えることを選ぶよりほかない。

ここから先で自分が立っていたい場所とはどこなのか、だれかが教えてくれるものでも、そこに至る段取りをしてくれるものでもない。その時々で、自分で見定めて、歩き出していく必要がある。これは、きみより少しだけ先に生きていた私がすでに検証してわかっていることだ。

そう、動くこと。動くことによってこそ、次の自分の行動が後押しされる。勇気があるから、どこまでも行けるわけではない。動くことで、次に行く分の勇気が得られるんだ。「やってみたらうまくやれた、この次はもうちょっと高いレベルに挑戦できる気がする」そんな具合にね。もしくは、うまくやれなかったとしても、何がうまくいかなかったのかをふりかえることで、次はもっと良い線が狙えるかもしれないと思うこともできる。

最後まで行き着くところまでの勇気を最初から持った人なんていないよ。少しずつ、自分の行動によって、自分自身が励まされて、それで次があるんだ。自分を勇気づけるのは、自分自身の新たな一歩にほかならない。その一歩は、たぶん組織にとっても初の試みだろう。きみは、組織初の経験を得た人物ということになる。結果が成功だったとか失敗だったとか、そんな話以上に、きみはまだだれも得ていない経験を自分の身に宿したことになる。かけがえない価値だ。そう、経験とは行動を起こした人にのみ与えられる報酬なんだ。

きみの最初の越境が、やがて「チーム」を作っていくことになる。越境も、きみ1人ではなく、「チーム」でおこなうものになる。その報酬を、今度は「チーム」で分かち合おう。他者と共有できる経験が増えることは、きみの、そして「チーム」の、さらなる越境を後押ししてくれることだろう。

ここまで、仕事の取り組みよう、あり方の手がかりとして、折々で「アジャイル」

について触れ語ってきた。思えば、「アジャイル」自体が越境によって育まれてきた存在だと言える。最初はだれ1人やったことがない状況だった。そこから、一歩一歩の積み重ねの中で、経験を積み上げてきたことで、ここまで到達することができた。だから、私は今こうしてきみに「アジャイル」について伝えることができている。昨日今日、この1、2年で導かれたことではないんだ。もちろん、10、20年前には、こういう本を書くことなんてまったく想像もしていなかった。ただ、ひたすらな日々の営みの上に、今、そしてこの先がある。

私たちは、互いを知るということからやり直すことで「関心」を取り戻し、やがて「チーム」となり、互いへの「リスペクト」を得て、「越境」を切り開くことができる。そして、その行動自体が、次の「越境」を引き出すことになる。自分たちの「タイムボックス」をつなげ続ける限り、私たちは変わることができるだろう。

## おわりに

「これからの仕事」はこの先、様変わりしていくことでしょう。この本を書いている間にも、ＡＩの利用が一気に身近に感じられるようになりました。仕事の進め方の前提を変えるようなエポックな出来事です。そうした変化はこれからも起こっていきます。だからこそ、立ち止まり、自分たち自身のことを捉え直す時間が必要だと言えるのです。

今何が起きているのか、取り巻く状況や環境の変化に対して、自分たち自身はどうあるといいのか。どんな変化がいつ起きるか予測することができない中で、私たちが取れることとはそうした「問い直す機会」を設けることです。

この本で扱ったことは、「最先端の技術やツールを使った革新的なこれからの仕事の進め方」ではありません。むしろ、ゴールデン・サークル、ふりかえり、ＳＥＣＩモデルなど、おなじみと言っていい概念や方法を用いて、「問い直し」について語っています。「これまでの仕事」から「これからの仕事」へという越境において、やたら難しい理屈やプロセスを必要とすると、最初の一歩もなかなか踏み出せません。大事なことは、方法の新しさとは別のところにある――そのことを伝えるためにも、できる限り平易となるように努めました。

もちろん、新たな技術、ツールの活用は、仕事を効率的、効果的にしていくために不可欠です。手段を変えることで、新たな境地にたどりつけるかもしれないというのは、この本の最初に語っていることです。ただし、手段こそ進化し、変わり続けることになります。私たちに必要なことは、自分たち自身に必要な「変化」に気づき、促す機会にほかなりません。変化の機会を得続けること、そして変化に適応するすべを自分たち自身で作り出すこと。それが、この先も変わることがない「これからの仕事」のあり方と言えます。

本書を作る機会を得たのは、編集者の傳智之さんとの対話からでした。幾度となく対話を重ねることがなければ、こうした形にはならなかったところです。傳さんに今回の書籍づくりを伴走いただいたことで、新たな表現を得ることができました。

最後に、この創作を見守ってくれた妻純子に感謝します。いつもいつも、私を支えてくれてありがとう。

市谷聡啓

# 参考文献


## 1章

・WHY から始めよ！（サイモン・シネック 著／栗木さつき 訳／日本経済新聞出版刊）

## 2章

・デジタルトランスフォーメーション・ジャーニー（市谷聡啓 著／翔泳社 刊）

・正しいものを正しくつくる（市谷聡啓 著／ビー・エヌ・エヌ新社 刊）

## 3章

・アジャイルなチームをつくる ふりかえりガイドブック（森一樹 著／翔泳社 刊）

## 4章

・トヨタ生産方式（大野耐一 著／ダイヤモンド社 刊）

・リーンソフトウエア開発（メアリー・ポッペンディーク、トム・ポッペンディーク 著／平鍋健児、高嶋優子、佐野建樹 訳／日経 BP 刊）

・ザ・ゴール（エリヤフ・ゴールドラット 著／三本木亮 訳／ダイヤモンド社 刊）

## 5章

・チーム・ジャーニー（市谷聡啓 著／翔泳社 刊）

## 6章

・知識創造企業（野中郁次郎、竹内弘高 著／梅本勝博 訳／東洋経済新報社 刊）

・アジャイル型開発における プラクティス活用リファレンスガイド（独立行政法人情報処理推進機構 技術本部 ソフトウェア・エンジニアリング・センター）
https://www.ipa.go.jp/archive/files/000029120.doc

・カイゼン・ジャーニー（市谷聡啓、新井剛 著／翔泳社 刊）

## 7章

・他者と働く（宇田川元一 著／ NewsPicks パブリッシング 刊）

・組織を芯からアジャイルにする（市谷聡啓 著／ビー・エヌ・エヌ新社 刊）

## 終章

・いちばんやさしいアジャイル開発の教本（市谷聡啓、新井剛、小田中育生 著／インプレス 刊）

・アジャイル開発とスクラム 第2版（平鍋健児、野中郁次郎、及部敬雄 著／翔泳社刊）

**市谷聡啓**（いちたに としひろ）

株式会社レッドジャーニー 代表。

サービスや事業についてのアイデア段階の構想からコンセプトを練り上げていく仮説検証とアジャイルについて経験が厚い。政府 CIO 補佐官も務めた。

プログラマーからキャリアをスタートし、SIer でのプロジェクトマネジメント、大規模インターネットサービスのプロデューサー、アジャイル開発の実践を経て、自らの会社を立ち上げる。それぞれの局面から得られた実践知で、ソフトウェアの共創に辿り着くべく越境し続けている。

著書に『カイゼン・ジャーニー』『チーム・ジャーニー』『デジタルトランスフォーメーション・ジャーニー』（翔泳社）、『正しいものを正しくつくる』『組織を芯からアジャイルにする』（BNN 新社）、『いちばんやさしいアジャイル開発の教本』（インプレス、共著）、訳書に『リーン開発の現場』（オーム社）がある。

【ホームページ】https://ichitani.com/

【Twitter】https://twitter.com/papanda

【Facebook】https://www.facebook.com/papanda0806

カバーデザイン
西垂水 敦、
内田裕乃（krran）

本文デザイン
二ノ宮 匡（nixinc）

編集
傳 智之

■お問い合わせについて

本書に関するご質問は、FAX、書面、下記の Web サイトの質問用フォームでお願いいたします。電話での直接のお問い合わせにはお答えできません。あらかじめご了承ください。

ご質問の際には以下を明記してください。

・書籍名　　・該当ページ　　・返信先（メールアドレス）

ご質問の際に記載いただいた個人情報は質問の返答以外の目的には使用いたしません。

お送りいただいたご質問には、できる限り迅速にお答えするよう努力しておりますが、お時間をいただくこともございます。

なお、ご質問は本書に記載されている内容に関するもののみとさせていただきます。

【問い合わせ先】
〒 162-0846
東京都新宿区市谷左内町 21-13
株式会社技術評論社　書籍編集部
「これまでの仕事 これからの仕事」係
FAX：03-3513-6183
Web：https://gihyo.jp/book/2023/978-4-297-13553-9

**これまでの仕事《しごと》 これからの仕事《しごと》**
**たった1人《ひとり》から現実《げんじつ》を変《か》えていくアジャイルという方法《ほうほう》**

2023 年 6 月 30 日　初版　第 1 刷発行

著者　市谷聡啓《いちたにとしひろ》
発行者　片岡巌
発行所　株式会社技術評論社
東京都新宿区市谷左内町 21-13
電話 03-3513-6150　販売促進部
03-3513-6166　書籍編集部
印刷・製本　昭和情報プロセス株式会社

定価はカバーに表示してあります。



ISBN978-4-297-13553-9　C0034
Printed in Japan